AF470205

(N° 203 du Catalogue).

CATALOGUE

DES

ANTIQUITÉS

GRECQUES, ROMAINES

DU MOYEN AGE & DE LA RENAISSANCE

COMPOSANT LA COLLECTION DE

MM. DE FEGERVARY-DE PULSKY

DONT LA VENTE AURA LIEU

HOTEL DROUOT, Salle N° 1

Les Lundi 18, Mardi 19, Mercredi 20, Vendredi 22 et Samedi 23 Mai 1868

A DEUX HEURES TRÈS-PRÉCISES.

M° **CHARLES PILLET**, COMMISSAIRE-PRISEUR,
10, rue Grange-Batelière;

MM. ROLLIN et **FEUARDENT**,
12, rue Vivienne,
(Même maison à Londres, 27, Haymarket)

M. Charles **MANNHEIM**,
7, rue Saint-Georges,

EXPERTS

EXPOSITIONS { *PARTICULIÈRE :* le Samedi 16 Mai 1868.
PUBLIQUE : le Dimanche 17 Mai 1868.

DE UNE HEURE A CINQ HEURES.

CONDITIONS DE LA VENTE

Elle sera faite au comptant.

Les acquéreurs payeront *cinq pour cent* en sus des enchères.

L'exposition mettant le public à même de se rendre compte de
état des objets, il ne sera admis aucune réclamation une fois
adjudication prononcée.

---

233   Paris. Imprimerie de PILLET fils aîné, rue des Grands-Augustins, 5.

ORDRE DES VACATIONS

Le Lundi 18 Mai 1868.

Bronzes grecs et étrusques...................... 1 à 68
Marbres, etc.................................. 335 — 351
Camées....................................... 385 — 404
Intailles..................................... 568 — 680

Le Mardi 19 Mai 1868.

Bronzes grecs et romains..................... 169 — 220
Camées....................................... 405 — 466
Intailles..................................... 681 — 794

Le Mercredi 20 Mai 1868.

Bronzes grecs et romains..................... 69 — 168
Camées....................................... 467 — 567
Intailles..................................... 795 — 826

Le Vendredi 22 Mai 1868.

Bronzes grecs et romains..................... 211 — 334
Scarabées, etc............................... 827 — 867
Monuments orientaux.......................... 352 — 384

Le Samedi 23 Mai 1868.

Moyen âge, renaissance, etc.................. 868 — 936
Partie du n° 334 *ter*.

Cette collection de bronzes antiques et de pierres gravées est la plus belle et la plus importante qui ait été
offerte aux enchères publiques.

Son premier possesseur, M. de Fegervary, l'a léguée à son
neveu M. de Pulsky, que lui désignaient ses connaissances
spéciales des monuments de l'antiquité; la belle série de
bronzes antiques a presque doublé dans les mains de son
second propriétaire, qui pendant près de vingt années a
recueilli quantité de sujets rares et curieux. Ce magnifique ensemble, formé dans un but spécialement scientifique, serait toujours resté aux mains de M. de Pulsky si, au
retour de l'exil, il n'avait trouvé ses biens ruinés par suite
d'une longue confiscation.

La majeure partie des pièces de cette collection est
connue de tous les savants; quantité de monuments ont

été décrits par le docteur Emile Braun, dans le *Bulletino dell Instituto del correspondenze archeologica* en 1853; et par les expositions qui ont eu lieu à Londres en 1853, à Manchester en 1857 (*Exhibition of the art treasures of the united Kingdom*), et en dernier lieu à la grande exposition du Bargello à Florence.

L'espace nous manque pour citer, même sommairement, les pièces de première importance; comme intérêt historique ou comme travail artistique, nous ne pourrons cependant éviter de signaler le groupe archaïque, n° 1, pièce splendide, peut-être le plus ancien bronze grec connu; — le célèbre vase Grimani, n° 273, du plus beau style athénien; — le chasseur, n° 203, reproduction antique d'une œuvre de Lysippe; — le porte-lampe, n° 288, prix donné à un vainqueur de jeux dans les premiers temps de l'empire romain; — la belle tête de la Sicile en relief, n° 188; — le superbe masque d'une jeune fille, n° 217; — la grande figure de Neptune, n° 81, statuette du plus beau style, qui fut publiée en 1778 par la Chaussée; — l'hercule Bibax, n° 195 ; — les deux beaux vases cannelés provenant des thermes de Caracalla, n°ˢ 275-276, d'un travail identique aux vases d'argent de Bernay, actuellement à la bibliothèque impériale; — le célèbre Bacchus, n° 133, publié par MM. Braun et de Longpérier; — la Minerve en améthyste, n° 399.

Les camées et pierres gravées sont dans leur genre aussi célèbres que les bronzes; il nous faudrait signaler plus de 60 numéros, pour mentionner seulement les pièces hors ligne ; nous nous contenterons donc de renvoyer le lecteur au catalogue, mais nous croyons de notre devoir de soumettre à l'avance à MM. les amateurs, les camées et intailles, afin qu'ils puissent juger par eux-mêmes du mérite des pièces et les acquérir avec toute sécurité.

La série du moyen âge, de la Renaissance et des objets orientaux, est aussi des plus intéressantes ; là comme pour les antiques, un goût exquis a présidé au choix des objets ; plusieurs d'entre eux sont également de première importance, témoins les n°ˢ 868 à 872, 875, etc.

Les publications et expositions où ont figuré les pièces de cette importante collection, en ont consacré le mérite, tant pour leur rareté que pour l'authenticité des objets qui la composent. Pour un très-petit nombre de pièces seulement, nous avons été en désaccord avec le savant propriétaire ; nous avons eu soin de le mentionner, soit par une note, soit par un point interrogatif à chaque numéro où les objets sont décrits, afin que le public éclairé puisse juger par lui-même, soit à notre domicile ou pendant les deux expositions.

R. et F.

DÉSIGNATION DES OBJETS

ANTIQUITÉS

Bronzes grecs
de style archaïque et hiératique

1 — Un héros cuirassé, le casque baissé sur le visage, derrière lui une femme presque nue, tous deux sur un cheval. Bronze archaïque trouvé à Grumentum (Lucanie) dans un tombeau, avec six petits lions; publié dans les *Monumenti dell' instituto di Correspondenza archeologica*, 1853. Important pour l'histoire de l'art. Admirable patine vert clair. — 260 millim. de haut.

2 — Figurine d'Apollon; manquent les mains et les pieds. — 101 millim.

3 — Méduse aux pieds de serpents, tirant la langue, relevant sa robe, anse d'une grande amphore, trouvée en Lucanie. Beau style archaïque. — 170 millim.

4 — Apollon archaïque, intéressant par sa longue chevelure relevée. — 150 millim.

5 — Taureau archaïque. — 60 millim.

6 — Figure bachique courant ; les doigts effilés sont d'une longueur démesurée, style des vases grecs de la première époque. Pièce importante pour l'histoire de l'art. — 93 millim.

7 — Tête du fleuve Achéloüs ; travail d'une grande délicatesse. — 30 millim.

8 — Ornement d'un vase. Style hiératique. — 30 millim. (2 pièces.)

9 — Hercule assis entre Arété et Hédoné, bas-relief en plomb doré, trouvé à Veym, comté de Romarom en Hongrie. — 80 millim. (1).

10 — Pan couché aux pieds d'un taureau. Style hiératique. — 30 millim.

Bronzes étrusques

11 — Héros nu avec un casque en forme de cygne ; la main droite et les pieds manquent ; publié par Micali. Du plus pur style étrusque. — 190 millim.

12 — Manche de miroir. Homme nu ; magnifique style étrusque. — 160 millim.

13 — Orateur debout. — 110 millim.

14 — Soldat étrusque casqué et cuirassé ; il porte l'épée à droite. — 110 millim.

15 — Hercule étrusque. — 180 millim.

16 — Hercule étrusque. Beau travail. — 120 millim.

17 — Hercule étrusque. Beau travail, superbe patine verte. — 105 millim.

(1) Cette pièce nous paraît du xvıᵉ siècle.

18 — Hercule étrusque. — 170 millim.

19 — Vénus avec des sandales, tenant un strigile; beau
style. — 190 millim.

20 — Candélabre, Vénus pudique debout; elle a une fleur
sur la tête, son socle lui appartient. Une des plus belles
figurines étrusques. Très-belle patine verte. — 175 mil-
limètres.

21 — Manche de miroir. Vénus tenant une coquille, avec un
collier et des sandales. Beau travail. — 180 millim.

22 — Joueur de flûte, de la collection Canino; publié par
Micali. Patine verte. — 88 millim

23 — Manche de miroir. Danseur nu tenant une fleur. —
120 millim.

24 — Homme vêtu de la toge; sur son socle antique, très-
belle statuette. Magnifique patine verte. — 97 millim.

25 — Pâris présentant la pomme, sur son socle antique. Belle
patine verte. — 190 millim.

26 — Groupe de deux hommes marchant se tenant par la
main; ornement d'un vase. Admirable patine verte. —
85 millim.

27 — Homme nu avec une ceinture; beau style étrusque;
ornement d'un vase. — 75 millim.

28 — Deux guerriers portant un héros mourant; anse d'une
ciste de Préneste. Belle fabrique, belle patine. Sujet très-
rare. — 110 millim.

28 *bis*. — Pélée et Atalante luttant; anse de ciste de Préneste.
70 millim.

29 — Guerrier à genoux, tenant un bouclier. Anse d'un vase,
magnifique patine verte. — 75 millim.

30 — Anse de vase à tête de bélier; en bas, Tydée mourant.
210 millim.

31 — Anse de vase semblable à la précédente. — 200 millim.

32 — Anse de vase à tête de bélier; en bas Philoctète pan-
sant sa blessure. Sujet inédit et très-intéressant. — 200
millim.

33 — Anse de vase, figure bachique recourbée tenant deux
panthères ; en bas, bas-relief découpé ; Hercule attaquant
le sanglier défendu par Diane. Belle fabrique. — **260**
millim.

34 — Anse semblable à la précédente ; le bas-relief découpé
manque. — 160 millim.

35 — Grande anse ; deux génies étrusques ailés, agenouillés
sur deux serpents ; au-dessus deux lions. Sujet intéressant,
publié, mais non expliqué par Micali. — 200 millim.

36 — Manche de miroir, homme nu debout, sur une tête de
bélier tenant deux béliers ; publié dans la description de
la collection Denon. — 210 millim.

37 — Manche de miroir. Femme drapée ; les mains manquent.
100 millim.

38 — Prêtresse étrusque. — 120 millim.

39 — Prêtresse étrusque, bonne fabrique ; belle patine. —
102 millim.

40 — Prêtresse étrusque d'une longueur démesurée. — 164
millim.

41 — Héros vêtu d'un tablier de cuir, d'une forme singulière ;
belle patine verte. Sujet intéressant pour le costume. —
170 millim.

42 — Jeune fille tenant une pomme ; d'un travail d'art très-
fin et remarquable. — 120 millim.

43 — Athlète casqué et cuirassé. — 190 millim.

44 — Athlète cuirassé, fléchissant un peu les genoux pour
sauter ; il tient dans sa main droite les haltères ; le bras
gauche et la chevelure sont restaurés. Belle statuette pati-
tinée vert, monument inédit très-intéressant. — 623
millim.

45 — Manche de miroir ; en haut trois bustes, en bas tête de
cerf. — 159 millim.

46 — Miroir. Deux femmes nues ailées ; grand style. — 155
millim.

47 — Miroir. Vénus enlevée par un cygne ; beau dessin, pu-

blié par le docteur Meade, dans son *Germana antiquitatis specimina.* — 150 millim.

48 — Miroir, Circé assise, offrant la coupe à Ulysse debout,
appuyé sur son bâton ; l'inscription donne le nom du do-
nataire. (Inédit très-intéressant.) Patine verte. — 150
millim.

49 — Miroir. Apollon et Minerve entre deux héros appuyés
sur leurs boucliers. Les inscriptions sont à peine lisibles.
Magnifique gravure, superbe patine vert clair. — 120
millim.

50 — Miroir. Deux héros devant un temple, autour d'une
grande amphore ; le manche est composé de deux têtes de
corbeau et d'une tête d'âne. — 125 millim.

51 — Passoire fragmentée ; sur le manche une belle figure
drapée agenouillée, en relief. Admirable patine vert clair.
— 300 millim.

52 — Passoire intacte. Belle conservation.

53 à 58 — Six plaques de bronze repoussé, avec des animaux, lions, taureaux, chèvres ailées ; ornements d'un
trône. — Hauteur des bandes, 110 millim. ; la longueur
totale est de 2 m. 190 millim.
  Pièce très-curieuse et de belle conservation.

59 — Milieu d'un bouclier en repoussé ; au centre une tête de
lion en relief. — 280 millim.

60 — Lion couché. — 30 millim.

61 — Sphinx. — 50 millim.

62 — Lièvre. — 30 millim.

63 — Grenouille. — 35 millim.

64 — Tête de Lynx. Relief. — 38 millim.

65 — Guerrier casqué, agenouillé, combattant. — 80 millim.

66 — Danseur. — 65 millim.

67 — Saltimbanque, anse de vase. 70 millim.

68 — Apollon archaïque, mutilé. — 273 millim.

Bronzes grecs et romains

69 — Jupiter debout, d'une grande beauté, travail grec. Belle patine verte. — 180 millim.

70 — Jupiter semblable au précédent, trouvé en Syrie. Les deux bras manquent. — 110 millim.

71 — Jupiter, debout. — 160 millim.

72 — Jupiter marchant, lançant la foudre. — 120 millim.

73 — Jupiter imberbe, nu, tenant un foudre. Pièce rare. — 100 millim.

74 — Buste de Jupiter Ammon. — 35 millim.

75 — Empereur romain en Jupiter. — 100 millim.

76 — Même sujet. — 110 millim.

77 — Junon debout avec le stephani et le torques gaulois. Belle draperie, statuette très-importante, trouvée en France. — 350 millim.

78 — Junon debout, tenant le sceptre Belle figurine en argent. — 50 millim.

79 — Junon assise sur un trône, tenant un sceptre et une grenade, trouvée près de Heidelberg, publié dans les *Monumenti dell Instituto*. — 50 millim.

80 — Buste de Junon. — 86 millim.

81 — Neptune debout (les deux pieds et la lance sont restaurés). Statuette de beau style grec; publié par de la Chaussée (*Museum Romanum*), Montfaucon et le Dr Émile Braun. Important par la rareté du sujet et la beauté du travail. — 300 millim.

82 — Apollon debout, trouvé en France. Belle conservation. — 240 millim.

83 — Apollon sur un socle antique. Belle pose. — 140 mill.

84 — Tête d'Apollon d'une grande beauté, les yeux incrustés

en argent, de la collection de Horace Walpole, publiée
dans les *Monumenti dell' Instituto.* — 31 millim.

85 — Apollon couronné de lauriers. Belle figurine mutilée,
les pieds et les bras manquent; elle a appartenu au poëte
Metastasio. — 60 millim.

86 — Apollon debout; les pieds manquent. Très-petite figurine. — 60 millim.

87 — Muse. — 100 millim.

88 — Diane tirant une flèche de son carquois. — 110 millim.

89 — Diane; les mains et un pied manquent. — 70 millim.

90 — Diane courant, tirant une flèche de son carquois, avec
socle antique formant le chapiteau d'une colonne corin-
thienne. — 110 millim.

91 — Diane; très-belle statuette, de fabrique gréco-sicilienne,
draperie flottante. Les pieds sont restaurés, les mains manquent; trouvée en Sicile. Pièce très-importante. Superbe
patine verte. — 190 millim.

92 — Diane, semblable à la précédente, type ordinaire, identique à une autre trouvée à Mehadia, en Hongrie. —
155 millim.

93 — Buste de Diane. Belle fabrique. — 110 millim.

94 — Minerve, Pallas Agorda. — 110 millim.

95 — Minerve marchant, draperies flottantes, une main
manque, les yeux incrustés en argent. 130 millim.

96 — Minerve (promachos). Les yeux incrustés en argent. —
120 millim.

97 — Buste de Minerve, sur le casque, un sphinx, les yeux
incrustés en argent. Collection Durand. — 70 millim.

98 — Très-beau buste de Minerve, d'un style admirable, les
yeux incrustés en argent; sur le casque de Minerve un
sphinx sans ailes. Belle patine verte. — 100 millim.

98 *bis* — Buste de Minerve. — 110 millim.

99 — Minerve debout, petite figurine. — 90 millim.

100 — Vulcain vêtu de la blouse grecque (*exomis*); le bras

droit manque. Statuette importante par la rareté du sujet
et la beauté du style; trouvée en Grèce. — 220 millim.

101 — Vénus avec la stephani, un collier autour du col; elle
tient une sandale dans la main droite. Trouvée en Syrie.
— 200 millim.

102 — Vénus debout. — 150 millim.

103 — Vénus dans l'attitude de la Vénus de Milo, publiée
dans les *Monumenti dell' Instituto.* — 130 millim.

104 — Vénus se chaussant, appuyée sur une colonne. — 112
millim.

105 — Vénus victrix avec la pomme. — 100 millim.

106 — Vénus tenant un miroir, sur un socle antique; trouvée
en Syrie. 214 millim.

107 — Vénus se coiffant, socle antique. Trouvée en Syrie. —
195 millim.

108 — Vénus dans l'attitude de la *Vénus* de Médicis. Belle fabrique. — 150 millim.

109 — Impératrice romaine, en Vénus de Médicis, les yeux
incrustés en argent. — 170 millim.

110 — Vénus se coiffant. — 40 millim.

111 — Vénus debout, les yeux levés au ciel. Joli petit bronze,
très-fin. — 115 millim.

112 — Vénus pudique. Beau travail syrien. — 96 millim.

113 — Cupidon. Jolie patine verte. — 95 millim.

114 — Cupidon assis. Peut être du XVIᵉ siècle. — 60 millim.

115 — Cupidon tenant ouverte une boîte de miroir, sur un
socle antique. Belle figurine. — 64 millim.

116 — Cupidon courant. — 120 millim.

117 — Cupidon sur un socle antique. Très-belle figurine, jolie
patine. — 95 millim.

118 — Cupidon avec la couronne funèbre au col. Sujet important. Les bras manquent. — 240 millim.

119 — Cupidon chassant avec une lance. Beau mouvement.
— 85 millim.

120 — Cupidon attrapant une cigale, socle antique. — 71 millim.

121 — Cupidon portant une amphore sur son épaule, la torche à la main. Très-beau fragment d'un bas-relief, les yeux et le bout des ailes incrustés en argent. Très-belle patine verte. — 45 millim.

122 — Cupidon couché et appuyé sur une massue. — 50 millim.

123 — Psyché s'approchant pour voir Cupidon ; sa main droite levée, devait tenir une lampe, publiée dans les *Monumenti dell' Instituto*, sujet très-intéressant, étant la seule reproduction antique de la fable d'Apulée. — 85 millim.

124 — Mercure les ailes sur la tête, tient une bourse. Belle pièce du temps d'Auguste, une jambe restaurée. — 185 millim.

125 — Mercure avec le pétase. — 138 millim.

126 — Mercure mutilé, très-belle fabrique grecque de la meilleure époque. — 140 millim.

127 — Mercure, les yeux incrustés en argent; le bras droit et la chlamide sont fondus à part. Belle figurine. — 160 millim.

128 — Mercure les ailes à la tête, tenant la bourse ; les yeux incrustés en argent. — 124 millim.

129 — Mercure tenant la bourse, beau travail. — 125 millim.

130 — Mercure avec le caducée et le pétase ailé, mutilé. — 75 millim.

131 — Mercure avec le caducée. — 75 millim.

132 — Mercure avec le caducée, les ailes et une plume sur la tête, mutilé. — 80 millim.

133 — Bacchus manchot publié par le docteur Émile Braun dans les Monumenti dell' Instituto, attribution contestée avec raison par M. Adrien de Longpérier, dans la *Revue archéologique*. Statuette importante, pièce d'un très-beau style. — 243 millim.

134 — Bacchus et Acratus, groupe très-intéressant, conservation parfaite. — 178 millim.

135 — Buste de Silène, belle fabrique, publié par Montfaucon,
avec des yeux en argent (antiquité expliquée). — 100
millim.

136 — Même buste. — 70 millim.

137 — Tête de Silène. — 70 millim.

138 — Satyre courant. — 155 millim.

139 — Panisque dansant, très-belle figurine avec son socle
antique. — 70 millim.

140 — Pan debout. — 80 millim.

141 — Pan tenant le syrinx, les pieds manquent. — 80 mil.

142 — Buste de bacchante. — 100 millim.

143 — Buste de bacchante poids antique. — 110 millim.

144 — Bustes accolés d'une bacchante et de Silène, peut-être
liber et libera, vase de bain de la collection Durand, dé-
décrite par M. de Witte. — 90 millim.

145 — Buste de Satyre, poids. — 80 millim.

146 — Priape, très-belle figurine grecque. — 30 millim.

147 — Priape, d'un travail très-fin. — 75 millim.

148 — Priape. — 60 millim.

149 — Priape belle patine verte. — 60 millim.

150 — Tête de taureau, deux phallus remplacent les cornes.
— 113 millim.

151 — Pygmée priapique, beau style, les yeux incrustés en
argent. — 100 millim.

152 — Pygmée priapique; très-beau travail. — 70 millim.

153 — Pygmée priapique. — 60 millim.

153 bis. — Grotesque priapique ressemblant à Cicéron. Travail romain? des premiers temps de l'Empire? — 150
millim.

154 — Esculape, les yeux incrustés en argent; très-belle statuette semblable à la statue en terre cuite du musée de
Naples, sans patine. — 218 millim.

155 — Esculape, belle figurine, statuette fine et intéressante. —96 millim.

156 — Hygiée assise sur un trône. — 25 millim.

157 — Isis romaine avec le simpulum. Belle figure d'une conservation parfaite, socle antique. — 178 millim.

158 — Isis romaine. Une main manque. — 120 millim.

159 — Harpocrate debout, appuyé sur un Hermès de Bacchus; petite statuette d'une grande finesse. — 76 millim.

160 — Harpocrate debout, beau travail. — 94 millim.

161 — Harpocrate debout, un bras manque. — 88 millim.

162 — Harpocrate assis. — 76 millim.

163 — Anubis, figurine romaine. — 70 millim.

163 bis. — Isis, grande statuette, de travail romain. Trouvée en Hongrie.

164 — Fortune debout ; belle statuette romaine. — 120 millim.

165 — L'Abondance. petit bas-relif. — 40 millim.

166 — Impératrice romaine avec la corne d'abondance et la patère, belle statuette d'une conservation parfaite. — 220 millim.

167 — La Victoire devant un trophée, bas-relief. — 62 mill.

168 — Victoire debout; les bras et les jambes manquent. — 220 millim.

169 — Victoire agenouillée, belle figure, avec son socle antique, publiée par Caylus. — 67 millim.

170 — Victoire debout, jolie statuette en argent. —38 millim.

171 — Dike et Némésis, le frein à la bouche, buste accolé, vase de la collection Durand, décrit par M. de Witte. — 110 millim.

172 — Fleuve assis avec une corne d'abondance, pièce très-fine avec belle patine. — 34 millim.

173 — Tête d'Acheloüs. — 15 millim.

174 — Nérée, pièce rare et intéressante. — 75 millim.

175 — Triton anse de vase. — 38 millim.

176 — Triton bas-relief, beau travail grec. — 63 millim.

177. — Mars, figurine grecque publiée par le docteur eade dans son *Germana antiquitatis specimina*, belle statuette. 88 millim.

178 — Mars casqué tenant le parazonium. — 100 millim.

179 — Génie de l'hiver avec une oie, buste de la collection du cardinal Carpegna, publié par Buonarotti. — 32 millim.

180 — Génie de l'hiver semblable au précédent, sur l'anse d'un vase. — 105 millim.

181 et 182 — Le Sagittaire et le Capricorne, signes du Zodiaque, bas-reliefs, deux fragments importants d'un grand vase de bronze, belle fabrique, chaque pièce haut. 99 millim., long. 220 millim.

183 — Epone, déesse gauloise des chevaux, des écuries et des courses, assise entre deux chevaux; trouvée en Angleterre. Sujet très-rare et très-curieux. — 70 millim.

184 — Bonus Eventus; belle figurine romaine du temps d'Auguste; un bras manque. Superbe patine. — 205 millim.

185 — Dieu Pénate debout; une main manque. — 100 mill.

186 — Idem, sur un socle antique, trouvé à Pompeï. — 260 millim.

187 — Idem; belle statuette romaine, les yeux incrustés en argent. Restauré au xvi° siècle et changé en David. — 180 millim.

188 — La Sicile, masque de face, entouré de dauphins entrelacés, de langoustes, de polypes et autres animaux marins, semblables à ceux que l'on voit sur les médailles de la Sicile; beau bas-relief de style greco-sicilien. — 65 millim.

189 — Hercule dans l'attitude d'Hercule Farnèse, trouvé à Erd, près de Bude en Hongrie, (pièce douteuse). — 225 millim.

190 — Thésée ? assis, de la collection Riccardi à Florence; magnifique statuette. Manquent les bras et les jambes. Cette merveilleuse pièce a été moulée, et les statuettes

semblables des musées de Florence, etc., en sont des copies modernes. — 170 millim.

191 — Hercule jeune debout, couvert de la peau du lion. Belle statue grecque. — 240 millim.

192 — Hercule jeune debout, avec une bulle, sous la peau du lion. C'est le portrait de l'empereur Commode, très-belle statuette. — 178 millim.

193 — Hercule jeune avec la peau du lion, et une couronne de lierres. Belle patine verte. — 131 millim.

194 — Hercule barbu, la tête ceinte de la tainia.—160 millim.

195 — Hercule avec la canthare, ivre chancelant, et brandissant sa massue. Splendide pièce, trouvée à Tripolis Ponti. — 140 millim.

196 — Hercule bibax, de la collection du Dr Chauvity; il y a deux reproductions de la même composition au musée Britannique, du même style, mais de grandeur différente. Superbe statuette; sujet très-rare souvent reproduit par les faussaires (1). — 88 millim.

197 — L'empereur S. Sévère en Hercule, tenant dans la main la pomme, symbole de l'*orbis terrarum*, et sa massue, statuette importante, quoique d'une fabrique ordinaire, et d'une fonte imparfaite. — 350 millim.

198 — Hercule assis, petite figurine; les pieds manquent. — 45 millim.

199 — Hercule jeune; un bras et les pieds manquent. — 150 millim.

200 — Romulus enfant; belle figurine. — 95 millim.

201 — Tête d'Io avec les cornes de vache; publiée dans les *Monumenti dell' Instituto*. — 30 millim.

202 — Athlète nu, semblable aux deux statues de Florence, à celle de Naples, à celle de Munich, c'est la reproduction antique de Doryphoros de Polyclète. Beau style grec (2). — 370 millim.

---

(1) Cette statuette d'un style irréprochable laisse cependant des doutes.

(2) Cette pièce, ainsi que le 205, paraissent douteuses.

203 — Chasseur se penchant pour frapper une bête fauve; la tête ressemble aux portraits d'Alexandre, publiés dans les *Monumenti dell' Instituto*, tirés de la collection Pallato. Ce bronze est une pièce réellement capitale, et l'un des plus importants comme dimension qui aient passé en vente publique. — Hauteur 470 millim (Gravé au frontispice).

204 — Roi barbare prisonnier; magnifique statuette du temps des Antonins. Cette pièce est encore l'une des plus belles et des plus importantes de la collection ; malheureusement les bras manquent, le costume est des plus intéressants; la cuirasse ressemble à une cotte de mailles, les jambes sont couvertes d'un caleçon collant ; ce costume doit-être gaulois ou germain. Le travail d'art en est irréprochable. — 210 millim.

205 — Jeune prêtresse, tenant une patère. — 200 millim.

206 — Prêtresse tenant une boîte à parfums. — 80 millim.

206 *bis* — Prêtresse semblable à la précédente. — 90 millim.

207 — Prêtresse; belles draperies. — 100 millim.

208 — Suivant de Bacchus? personnage imberbe, superbe travail. — 210 millim.

209 — Jeune acteur; patine vert clair, un bras manque. — 53 millim.

210 — Comédien; les deux mains manquent. — 95 millim.

211 — Saltimbanque, les bras manquent. — 80 millim.

212 — Danseuse. — 125 millim.

213 — Masque tragique d'homme, très-beau travail grec. — 60 millim.

214 — Masque tragique de femme sur un socle antique de la collection Durand. — 100 millim.

215 — Masque comique. — 30 millim.

216 — Masque de Satyre. — 80 millim.

217 — Superbe masque de jeune fille, en repoussé, belle patine verte; travail grec. C'est un des plus beaux bronzes connus. — 63 millim.

218 — Masque d'enfant ailé. — 70 millim.

219 — Enfant courant, d'un mouvement ravissant, les yeux et les dents sont incrustés en argent, très-beau travail. — 170 millim.

220 — Personnage romain en toge; argent. — 35 millim.

221 — Sanglier. — 30 millim.

222 — Eléphant. — 40 millim.

223 — Hippopotame. — 20 millim.

224 — Souris. — 20 millim.

225 — Tête de bélier; très-beau travail. — 40 millim.

226 — Bouc. — 80 millim.

227 — Bouc sautant. — 75 millim.

228 — Bouc sautant. — 55 millim.

229 — Bouc sautant. — 100 millim.

230 — Moufflon. — 40 millim.

231 — Lion couché. — 60 millim.

232 — Lion couché. — 40 millim.

233 — Lion terrassant un bœuf. — 55 millim.

234 — Tête de lion. — 40 millim.

235 — Panthère, enseigne militaire. — 110 millim.

236 — Panthère, enseigne militaire, publiée par le docteur Meade. — 80 millim.

237 — Panthère. — 60 millim.

238 — Tête de cheval. 50 millim.

239 — Cheval avec sa base; une jambe manque. — 55 millim.

240 — Sanglier semblable à celui de Florence. — 35 millim.

241 — Taureau. — 60 millim.

242 — Taureau. — 70 millim.

243 — Taureau des Indes. — 40 millim.

244 — Tête de bœuf, beau style. — 50 millim.

245 — Chien aboyant. — 50 millim.

246 — Chien courant. — 20 millim.

247 — Tête de cerf, bas-relief, repoussé. — 50 millim.

248 — Tête de dragon marin, repoussé doré, très-beau travail. — 80 millim.

249 — Dauphin. — 80 millim,

250 — Aigle. — 30 millim.

251 — Colombe. — 45 millim.

252 — Canard. — 35 millim.

253 — Sphinx, sommet d'un très-beau casque. — 85 millim.

254 — Panthère ailée. — 80 millim.

255 — Ane brayant, portant deux paniers; publié dans la description de la collection Denon, — 80 millim.

256 à 263 — Groupe d'un laboureur dételant ses bœufs de la charrue, d'un âne brayant, d'un chien aboyant, d'une souris et de quatre poissons, objets trouvés ensembles en Espagne dans un tombeau.

264 — Laboureur avec la charrue, semblable au précédent. — 55 millim.

265 — Bras de femme tenant un dyptique. — 110 millim.

266 — Bras d'homme, belle fabrique. — 80 millim.

267 — Une main. — 170 millim.

268 — Un pied. — 230 millim.

269 — Un pied. — 170 millim.

270 — Un pied chaussé à la romaine. — 320 millim.

271 — Centaure, sujet rare; manque un bras. — 80 millim.

272 — Aigle tenant une couronne dans son bec. Il est posé sur une chèvre. — 80 millim.

Vases, Anses, Poids, Tessères
Ustensiles

273 — Œnochoé, rapportée d'Athènes, au xvi⁰ siècle, par l'amiral Grimani, publiée dans les *Monumenti dell Instituto*; *c'est le plus beau vase grec connu*, d'ancien style, l'anse est d'une grande élégance, elle est ornementée d'un serpent; au haut un grand et très-beau satyre, tenant un rhyton de

chaque main, à l'autre extrémité une sirène; ce vase, d'une conservation parfaite, est réellement une pièce capitale.—320 millim.

274 — Anse de vase avec une sirène. — 70 millim.

275 — Beau petit vase cannelé avec une scène bachique en relief, trouvé dans les thermes de Caracalla, publié par de Lachaussée, *Muséum Romanum*, 2e édition, et par Montfaucon. — 120 millim.

276 — Autre beau vase, également cannelé, avec des oiseaux aquatiques, semblable au précédent, probablement trouvé en même temps. Collection Hertz. — 135 millim.

277 — Grand vase à tête de jeune fille, trouvé à Tegline en 1866, d'une conservation parfaite (1). — 380 millim.

278 — Grand vase d'une forme très-élancée; l'anse finit par un bas-relief découpé, représentant Hélios dans un quadrige de face, trouvé en Apulie (2). — 510 millim.

279 — Vase de forme ordinaire, au haut de l'anse deux têtes de singe et une tête de lion. Magnifique patine. — 250 millim.

280 — Très-joli vase d'une patine vert clair, luisante, de la plus grande beauté, sur l'anse un petit mascaron à tête de lion. Sur le vase quatre bandes, très-finement gravées. — 140 millim.

281 — Vase sans dessins ni figures. — 200 millim.

282 — Vase de bain avec tête de femme diadémée, avec collier et pendants d'oreilles, travail d'art très-remarquable. — 110 millim.

283 — Vase semblable, moins beau. — 100 millim

284 — Même vase. — 100 millim.

285 — Vase semblable, ordinaire. — 100 millim.

286 — Lampe avec le buste de Jupiter et l'aigle sur un croissant, portant la foudre, trouvée à Pompéi. — 130 millim.

---

(1) Si, comme le pense le propriétaire de ce vase, il est réellement antique, c'est une pièce de la plus grande importance.

(2) Même réflexion que pour le n° précédent.

287 — Belle lampe à tête de bœuf, belle patine verte, travail grec très-fin. — 140 millim.

288 — Candélabre, tronc d'arbre, avec les attributs de différents dieux en relief, et en partie inscrustés en argent; au-dessus l'aigle et le foudre de Jupiter, entre la chouette, le bouclier, la lance de Minerve, le paon de Junon (symboles des dieux capitolins), plus le miroir de Vénus, symbole de la souche de la famille impériale Julia, accompagné du marteau et des forceps de Vulcain. Le coq, le caducée et le pétase de Mercure, la massue et le carquois d'Hercule, dieux de la palestra; la lyre et le carquois d'Apollon, la corne d'abondance et le timon de la Fortune, la couronne et la branche de palmier de la Victoire, la couronne murale de Cybèle, la torche, le croissant, la bipenne , et le bonnet phrygien de Diane, le trident et le dauphin de Neptune, le sistre d'Isis, le sanglier de Mars, le carquois et l'arc de Cupidon. Ces emblèmes des dieux démontrent l'importance de cette riche composition; c'est donc évidemment un prix de jeux, du temps des premiers empereurs, le socle est antique, monument très-important, d'une belle fabrique, et d'une parfaite conservation. — 140 millim.

289 — Une petite coupe sans figure, d'une forme rare et très-élégante.—Long., 100 millim,

290 — Un petit candélabre à trois pieds, très-beau de forme. — 50 millim.

291 — Buste de Pâris, partie supérieure d'un trépied avec l'anse de la coupe. — 140 millim.

292 — Buste bachique, partie supérieure d'un trépied. — 80 millim.

293 — Anse de vase, ornée d'une tête d'Hercule et d'une tête de lion, belle patine.—155 millim.

294 — Anse de vase, avec un Génie bachique en relief. — 130 millim.

295 — Anse de vase, avec une cigogne en relief, très-beau
travail. — 140 millim.

296 — Grande anse d'amphore, à tête de cygne.—230 millim.

297 — Vénus, les yeux et le bracelet incrustés en argent, debout sur une tête de silène, aux yeux incrustés; par devant
le buste de Vesta, entre deux têtes d'ânes; superbe anse de
vase , d'un style remarquable, très-belle patine. —
220 millim.

298 — Anse de vase avec Hercule bibax et la truie, en relief.
— 280 millim.

299 — Anse de vase avec grappe de raisin et pampres. —
130 millim.

300 — Anse à tête de lion et deux lionceaux. — 110 millim.

301 — Tête de Pan, les yeux incrustés en argent. —115 millim.

302 — Génie bachique. — 70 millim.

303 — Tête d'enfant. — 35 millim.

304 — Tête d'un jeune homme. —40 millim.

305 — Tête de Satyre. — 20 millim.

306 — Buste de Minerve et tête de lion, ornements d'un vase.
— 70 millim.

307 — Tête de lion. — 30 millim.

308 — Manche à tête de lion. — 90 millim.

309 — Manche ornementé, tête de lion, belle patine, travail
remarquable. — 150 millim.

310 — Manche à tête de bélier. — 150 millim.

311 — Un autre semblable. — 150 millim.

312 — Pied de trépied, avec figure de style égyptien, incrustations en argent. — 190 millim.

313 — Manche de couteau, pygmée priapique portant une autre
figure sur l'épaule, parodie d'Énée et d'Anchise. —
65 millim.

314 — Pied d'un petit trépied, à tête de panthère. —
45 millim.

315 — Clou à tête de Méduse. — 4 cent.

316 — Même sujet. — 4 cent.

317 — Cadenas avec la Fortune, en relief, de la collection Mertens à Schafhausen, charmante petite pièce. — **25** millim.

318 — Typurium L. CORNELI SABINI. — 65 millim.

319 — Plomb de fronde. — FERI X PO (mpejanus). — 50 mill.

320 — Id. FERIX POMP. — 50 millim.

221 — Id. ITAL de la guerre sociale. — 50 millim.

322 — Id. ANAX — AN au-dessous massue. — 30 millim.

323 — Tessère de gladiateur IVNI-PHILOGEN.

324 — Id. D. IVNIVS HERMETVS. — 60 millim.

Les tessères de gladiateurs sont toujours en ivoire ou en os, on en connaît que peu en bronze.

325 — Inscription votive HEDONE M CRASSI ANCILLA FERONIAE V. S. L. M. du musée Gaddi, publié par Gorius. — 90 millim.

326 à 330 — Fragments de bagues avec portraits en creux et en relief. — 17 millim.

331 — Deux bustes consulaires avec la mappa circensis. — 170 millim.

332 — Poids du ve siècle, sujets rares et intéressants. — 85 millim.

333 — Bacchus et Ariadne, repoussé en relief, boîte de miroir.

334 — Bellerophon combattant la Chimère, bas-relief, petite coupe en étain, doit-être du xvie siècle, — 60 millim.

334 *bis* — Tête de femme, les yeux incrustés en argent. Applique.

334 *ter.* — Sous ce n°, seront vendus quantité d'ustensiles en bronze, tels que haches, fers de lance, faucilles, bracelets, fibules, clefs, anses de vases, umbos de boucliers, sonnettes, poids antiques, candélabres, statuettes antiques, et moulées sur l'antique ; du xvi° siècle, etc., etc., formant environ 40 lots.

Marbres, etc.

335 — Vénus pudique; les mains et les pieds sont restaurés,
le torse est très-beau, marbre. — 1 mètre.

336 — Bacchus de la collection Grimani, marbre; cette statue
provient d'Athénes. — 1 mètre.

337 — Hermaphrodite appuyé sur Silenus Pappus, beau
groupe grec de la collection Grimani, publié. — 70 cent.

338 — Jupiter Sérapis, travail romain. — Haut. 75 cent.

339 — Tête d'Apollon, provenant de l'île d'Égine. — 25 cent.

340 — Buste de jeune fille, travail grec. Coiffure très-curieuse. — 45 cent.

341 — Buste de femme. — 50 cent.

342 — Buste de l'empereur Diaduménien, en basalte, les
yeux sont incrustés en argent, très-belle pièce. — 65 cent.

343 — Buste colossal de Sénèque, beau travail du XVIe siècle,
basalte, les yeux en marbre blanc. — 80 cent.

344 — Masque colossal de Jupiter Sérapis en albâtre oriental,
la chevelure et la barbe étaient ajoutées en métal. —
30 cent.

345 — Buste de satyre avec la nebris, travaillé au trépan, de
la plus grande beauté, ressemblant au faune de la collection Macchia de Munich; Jaune antique. — 110 millim.

346 — Bas-relief; tête de Méduse, guirlande bachique. —
120 millim.

347 — Lion marchant, belle fabrique, marbre.

348 — Deux Satyres écorchant une chèvre; albâtre. —
130 millim.

349 — Hercule au repos; bas-relief en marbre. — 31 cent.

350 — Masque de comédie et guirlande, belle mosaïque. —
Haut., 140 millim.; larg., 300 millim.

351 — Oiseau, mosaïque de fabrique ordinaire, trouvé en
Angleterre. — Haut., 90 millim.; long., 130 millim.

Monuments orientaux

352 à 357 — Six bronzes phéniciens trouvés au Liban ; l'un est évidemment l'Osiris égyptien.

358 à 361 — Quatre bronzes phéniciens trouvés en Sardaigne.

362 à 365 — Bronzes et fragments divers.

366 — Sceau assyrien à tête de veau, le roi entre deux lions ailés.

367 — Dieu cornu sur un trône, avec deux béliers ; bronze assyrien.

368 — Héros agenouillé, appuyé sur un petit Dieu à tête de lion ; incrustations en argent. Pièce très-remarquable comme style. — 146 millim.

369 — Cylindre assyrien avec hiéroglyphes égyptiens ; une figure agenouillée tient le cartouche royal, pierre calcaire. — 50 millim.

370 — Figure accroupie d'un roi assyrien ; pierre calcaire, avec diverses couleurs, pièce très-remarquable et de première rareté. — 50 millim.

371 — Belle statuette d'Imoteph assis sur son trône, les yeux et le collier incrustés en or, provenant du trésor de Saint-Denis, plus tard de la collection Lenoir ; rare et très-belle pièce. — 220 millim.

371 *bis*. — Belle reproduction d'une statuette d'un roi d'Egypte. — 180 millim.

372 — Chat avec les yeux incrustés en argent ; très-beau bronze. — 150 millim.

373 — Chat. — 150 millim.

374 — Chat avec des boucles d'oreilles en bronze. — 90 mill.

374 *bis* — Chat. — 180 millim.

375 — Chat. — 180 millim.

376 — Epervier, grande et belle pièce. — 230 millim.
377 — Très-belle figure agenouillée. — 70 millim.
378 — Isis allaitant Horus. — 100 millim.
379 — Osiris. — 120 millim.
380 — Neith. — 200 millim.
381 — Harpocrate, les yeux incrustés. — 100 millim.
382 — Horus. — 70 millim.
383 — Horus. — 120 millim.
384 — Superbe tête colossale en basalte ; fragment d'un couvercle de sarcophage, du plus beau temps de Psammeticus. — 500 millim.

PIERRES GRAVÉES

Camées (Divinités. etc.)

385 — Grand buste de Jupiter Aegiochos, de face, semblable à la sardonyx de Venise; publié par Visconti. Onyx. Pierre de première importance. — 85 millim.
386 — Grand buste de Jupiter, de face, comme le célèbre buste d'Otrico ; très-beau travail. Chalcédoine à deux couches. — 73 millim.
387 — Tête de Jupiter Ammon; sardonix à deux couches. Très-belle fabrique. — 23 millim.

388 — Tête de Jupiter Serapis, de face ; sardonix à deux couches. Belle fabrique. — 40 millim.

389 — Buste de Junon, ou Livie voilée, dans une bordure de fleurs. Chalcédoine d'un beau travail. — 63 millim.

390 — Têtes d'Isis et de Serapis accolées ; sardonix à cinq couches ; la tête d'Isis est fragmentée. — 20 millim.

391 — Jupiter et Cérès ou scène d'initiation (?) Chalcédoine, beau fragment.

392 — Jupiter prenant dans ses bras Junon qui le couronne, (xɪvᵉ chant de l'Iliade) ; superbe pâte antique? publiée par le comte de Caylus. — 55 millim.

393 — Buste de Neptune tourné vers la gauche ; les cheveux, une partie de la barbe et la chlamyde sont gravés dans la couche blonde de la pierre. Sardonix à trois couches ; pièce importante. — 50 millim.

394 — L'Océan avec un sceptre, assis sur une écrevisse de mer. Onyx. — 15 millim.

395 — Dragon marin (pistrix) avec l'inscription antique en relief ΛΛΕΞΑ ; nom authentique du graveur, sardoine à deux couches. — 20 millim.

396 — Néréide et cheval marin ; sardoine à deux couches. — 18 millim.

397 — Junon de face ; très-beau buste en chrisophase. — 37 millim.

398 — Tête de Junon ; malachite. — 11 millim.

399 — Statuette de Minerve avec le serpent, en ronde bosse. Améthyste, pièce capitale. — 150 millim.

400 — Minerve dans un quadrige ; sardoine à cinq couches. Belle fabrique, admirablement conservée. — 35 millim.

401 — Buste de Minerve ; superbe sardoine à trois couches, — 30 millim.

402 — Tête de Minerve, casque ailé ; sardoine à trois couches. — 14 millim.

403 — Tête de Minerve casquée avec l'égide ; sardoine à quatre couches. Fabrique grecque. — 27 millim.

404 — Tête de Mercure ailée ; très-belle sardoine à deux
couches, montée au XVIe siècle, par les élèves de l'école
de Benvenuto Cellini. Une des plus belles pièces de la collection. — 25 millim.

405 — Masque d'Apollon. Cette pierre, quoique un simple
fragment, est des plus importantes ; cornaline orientale
de la plus grande beauté. Fabrique grecque.— 18 millim.

406 — Tête d'Apollon, type des médailles de la famille Cal-
purnia. Sardonix à trois couches. — 20 millim.

407 — Buste d'Apollon, pâte antique ? très-belle, noire, collée
sur fond bleu. — 48 millim.

408 — Fragment d'un masque de Vénus avec la stéphani
Améthiste. — 35 millim.

409 — Cupidon à cheval, jaspe à deux couches. Très-belle
fabrique grecque.— 18 millim.

410 — Cupidon dansant avec le flambeau renversé. Sardoine
à deux couches. — 15 millim.

411 — Vénus chargeant Cupidon d'un message. Sardoine à
deux couches. Belle fabrique. — 20 millim.

412 — Cupidon dans l'attitude d'un orateur devant une
femme assise. Sardoine à deux couches, belle fabrique.
— 17 millim.

413 — Eros, Potlos, Himeros, avec des instruments de mu-
sique, fragmentée. — Belle fabrique ; chalcédoine à deux
couches. — 20 millim.

414 — Cupidon couché sur la peau de lion, une coupe à la
main. Chalcédoine à deux couches.

415 — Mercure enseignant la lecture à Cupidon, à côté de
Vénus. Sardoine à deux couches, fendue ; probablement
du XVIe siècle. — 27 millim.

416 — Eros, Potlos, Himeros, tourmentant Psyché. Belle sardoine ; très-belle fabrique grecque. — 13 millim.

417 — Bacchus appuyé sur Silène devant Vénus assise. Un
bacchant lui présente une couronne, un satyre joue de la
flûte. Chalcédoine à deux couches. — 45 millim.

418 — Tête de Pan et tête d'une muse, dans le champ, un bâton de berger ; sardoine à deux couches. Belle fabrique. — 20 millim.

419 — Masque de Silène de face, couronné de lierres. Chalcédoine à quatre couches ; belle fabrique. — 14 millim.

420 — Tête de satyre, fragmentée, chalcédoine à deux couches. Belle fabrique. — 15 millim.

421 — Superbe tête de satyre, couronnée de pampres. Sardoine formée par une couche de jaspe rouge, sur une couche de chalcédoine, 22 millim.

422 — Silène debout, pressant des grappes de raisin, dans un vase. Chalcédoine à deux couches ; très-belle fabrique grecque. — 25 millim.

423 — Masque de Bacchus jeune couronné de lierres. Sardoine orientale à deux couches ; belle fabrique. — 15 millim.

424 — Bacchante couronnée de lierres. Sardoine opaque à trois couches ; fabrique ordinaire. — 25 millim.

425 — Tête de Bacchus de face, couronnée de pampres, le nez un peu fragmenté. Malachite, très-belle pierre. — 23 mill.

426 — Enfant monté sur une chèvre. Chalcédoine à deux couches. — 16 millim.

427 — Suivant de Bacchus courant, une jambe fragmentée ; d'une belle fabrique. Sardoine à deux couches. — 20 mill.

428 — Trois satyres sacrifiant une chèvre ; pierre microscopique, très-belle. Sardoine à deux couches avec un trou au milieu. — 8 millim.

429 — Masque de satyre, fabrique ordinaire. Sardoine, 20 millim.

430 — Jeune faune monté sur une cigogne ; chalcédoine à deux couches. Belle fabrique. — 35 millim.

431 — Centaure femelle allaitant son enfant ; chalcédoine. 38 millim.

432 — Deux Amours tenant l'inscription : BVPICHI. EVTICHI. (sois heureux Burichius) ; dans le champ un masque tragique, probablement un bijou offert à un tragédien du nom de Burichius ; chalcédoine. — 15 millim.

433 — Masque tragique, avec l'inscription : UNHMONE-VETE THC KAAHC TVKHC (souvenez-vous de la belle aventure); sardoine. — 23 millim.

434 — Harpocrate assis ; sardoine à trois couches, fendue. — 25 millim.

435 — Tête d'Isis de face avec oreilles de vache. Sardoine à trois couches ; très-belle fabrique, du temps d'Hadrien. — 18 millim.

436 — Isis debout, silex. — 50 millim.

437 — Victoire conduisant un bige ; sardoine à trois couches, fragment. — 25 millim.

438 — Deux chevaux d'un bige, fragment ; sardoine à trois couches. — 15 millim.

439 — Morphée la tête ceinte d'un diadème, avec de grandes ailes à la tête. Chalcédoine, bonne fabrique. — 26 millim.

440 — Masque de face d'un fleuve oriental, aux traits sémitiques et une superbe barbe ondoyante. C'est l'Euphrate ou l'Indus ; belle chalcédoine saphirine. Beau travail. 20 millim.

441 — Masque tragique ; au revers masque de Jupiter Ammon, pendant de boucles d'oreilles ; jaspe à trois couches trouvé à Nîmes. — 40 millim.

442 — Masque tragique ; sardoine. — 8 millim.

443 — Masque tragique ; sardoine à deux couches. — 22 millim.

444 — Tête de Junon ; cornaline orientale. Fragment. — 20 millim.

445 — Buste d'Hercule imberbe avec la peau de lion ; sardoine à deux couches, peut-être du XVIe siècle. — 22 millim.

446 — Même sujet, sur une sardoine à trois couches. — 18 millim.

447 — Buste d'Hercule imberbe avec une couronne de lauriers. Belle sardoine à trois couches. — 15 millim.

448 — Buste d'Hercule imberbe à gauche avec la peau de lion ; sardoine à trois couches. — 15 millim.

449 — Tête d'Hercule barbue, pierre jaune à deux couches. — 35 millim.

450 — Hercule étouffant Anthée, fabrique ordinaire, pierre à deux couches, 28 millim.

451 — Tête de Persée ; sardoine à quatre couches. — 16 millim.

452 — Tête de Persée de face. Sardoine à trois couches ; sur le buste l'inscription antique en relief : VENAII ; beau camée. — 15 millim.

453 — Masque de Méduse, de face, le nez fragmenté ; améthyste rose. — 18 millim.

454 — Tête de Méduse, de profil ; chalcédoine à deux couches. — 20 millim.

455 — Tête de Paris, de face ; chalcédoine à deux couches. — 35 millim.

456 — Tête de Paris, de profil ; chalcédoine à deux couches. — 27 millim.

457 — Buste de Menelaus, de face ; chalcédoine à deux couches. — 30 millim.

458 — Ulysse prenant congé d'Alcinoüs ; sardoine à deux couches. — 25 millim.

459 — L'enfant Miletus, fils d'Esculape, allaité par une louve, et trouvé par deux bergers ; sardoine à trois couches. — 35 millim.

460 — Melampus guérissant les filles du Roi. Silex, travail ordinaire. — 57 millim.

461 — Méléagre appuyé sur sa lance, à ses pieds son chien ; sardoine à deux couches. — 22 millim.

462 — Bacchus jeune assis, jouant avec un masque scénique ; sardoine à deux couches. — 13 millim.

463 — Romulus et Remus sous la louve, fragment. Chalcédoine à deux couches. Pièce remarquable. — 50 millim.

464 — Groupe de cinq dieux, l'Esculape de Pergame, les deux

Némésis de Smyrne, la Diane d'Éphèse, et la Cybèle de
Mytilène, en bas **OMONOIA**. Alliance de quatre villes.
Chalcédoine à deux couches. — 17 millim.

465 — Le fleuve Gelas, demi-taureau à face humaine barbue;
type des médailles de Gelas (Sicile), sardoine à deux couches. — 20 millim.

466 — Buste de cheval, type des médailles de Panorme Sicile,
belle sardoine à deux couches, fragmentée; superbe travail. — 20 millim.

Portraits

467 — Portrait d'Alexandre le Grand, fragmenté; belle cha-
cédoine. — 15 millim.

468 — Même portrait avec la peau de lion, R. buste d'Hercule, couronné de pampres, fragment, sardoine à quatre
couches; travail grec, pierre publiée et très-importante.
— 25 millim.

469 — Portrait de la reine Berenice, femme de Ptolemée II.
Sardoine à trois couches, très-belle fabrique grecque,
pierre importante. — 23 millim.

470 — Tête de Socrate, beau travail, onix à deux couches.—
17 millim.

471 — Buste de Junius Brutus, en ronde bosse, améthyste. —
81 millim.

472 — Portrait de Cicéron, sardoine à deux couches, beau travail. Les initiales **M. T. C**, sont modernes. — 20 millim.

473 — Portrait de Marc-Antoine, chalcédoine à deux couches.
— 15 millim.

474 — Portrait d'Auguste jeune, chalcédoine à deux couches,
belle fabrique. — 20 millim.

475 — Grand portrait d'Auguste, très-belle fabrique romaine,

chalcédoine à deux couches, pierre importante. — 40 millim.

476 — Portrait d'Auguste, fragment superbe, œuvre d'un artiste grec. Sardoine à deux couches. — 20 millim.

477 — Portrait d'Auguste, fragment d'un travail romain, sardoine à deux couches. — 20 millim.

478 — Portrait d'Auguste, couronné de lauriers, turquoise.— 15 millim.

479 — Portrait d'Auguste, d'une grande beauté, pâte antique à deux couches, fragmentée. — 35 millim.

480 — Portrait de Caius César, de face, découpé pour être appliqué, chalcédoine. — 25 millim.

481 — Superbe tête de Marcus Agrippa, fragment, un des plus beaux camées du temps d'Auguste. Sardoine à deux couches. — 27 millim.

482 — Tête de Mécène, beau travail, sardoine à deux couches. — 17 millim.

483 — Portrait de Caligula,? très-belle sardoine à deux couches. — 24 millim,e

484 Superbe buste de Livie, voilée de face, très-beau travail. Le voile est sculpté dans la partie transparente de la pierre, superbe sardoine à trois couches. — 27 millim.

485 — Buste de Drusus, pierre tendre, 30 millim.

486 — Buste du même, tourné à gauche, pierre tendre. — 30 millim.

487 — Portrait d'Agrippine la jeune, sardoine à deux couches. — 15 millim.

488 — Triomphe de l'empereur Titus, ressemblant au bas-relief de son arc à Rome, le triomphateur couronné par la Victoire est debout sur un quadrige, conduit par Rome et par le genie du peuple romain; le sénat et le peuple personnifiés le suivent, très-beau travail, sardoine à deux couches. — 35 millim.

489 — Portraits de Domitien et Domitia, sardoine à cinq couches, fragment, pièce importante. — 60 millim.

490 — Portrait de Julie, fille de Titus. Lapis Lazuli. —
25 millim.

491 — Portrait de Nerva? sardoine à deux couches. —
17 millim.

492 — Portrait de Matidie, sardoine à deux couches. —
15 millim.

493 — Tête de Marciane, en ronde bosse, prime d'émeraude,
les cheveux en jaspe rouge, le tout d'une seule pierre;
publiée par M. de la Chaussée. Buste important. —
80 millim., y compris la belle monture de bronze doré du
xvi⁰ siècle.

494 — Portrait d'Hadrien, rouge antique, beau travail. —
38 millim.

495 — Portrait d'Hadrien, couronné de laurier, sardoine à
deux couches. — 28 millim.

496 — Portrait d'Antinoüs, couronné de lierres, sardoine à
deux couches. — 28 millim.

497 — Portrait de Lucius Verus, pierre tendre. — 25 millim.

498 — Marc-Aurèle jeune, portant le palladium, type des
médaillons de cet empereur, sardoine à deux couches.
15 millim.

499 — Portrait de l'impératrice Crispine. Onyx à deux couches. — 20 millim.

500 — Dide Julien et Didia Clara, Agate. — 65 millim.

501 — Septime Sévère, couronné par la Victoire, reçoit de la
ville de Rome le globe, Vesta est debout à côté de Rome.
Sardoine à deux couches, pierre importante.—40 millim.

502 — Portrait d'Albin, courónné de lauriers, onyx à deux
couches. — 30 millim.

503 — Portrait de Julia Domna ou de Mamée, chalcédoine à
deux couches. — 17 millim.

504 — Portrait de Galba? chalcédoine à deux couches, xvi⁰
siècle. — 28 millim.

505 — Portrait de Vespasien ou de Titus, sardoine à deux
couches. — 17 millim.

506 — Portrait de Caracalla jeune, avec la couronne radiée, sardoine à deux couches. — 10 millim.

507 — Tête d'enfant, peut être Geta, sardoine à trois couches. — 13 millim.

508 — Buste d'un Romain inconnu, rouge antique, ronde bosse. — 81 millim.

509 — Buste diadémé, de Gallien. Agate. — 45 millim.

510 — Tête de femme, de face. Prime d'émeraude. — 17 millim.

511 — Tête diadémée d'un roi de Numidie, pâte de verre bleu. — 30 millim.

Animaux

512 — Truie, silex ou cornaline brûlée. — 22 millim.

513 — Lion, sardoine à deux couches. — 22 millim.

514 — Lionne, sardoine à deux couches, très-belle pièce. — 28 millim.

515 — Tête d'un aigle, sardoine à deux couches.—20 millim.

516 — Poisson, en ronde bosse, cornaline de la collection du duc de Sussex. — 60 millim.

517 — Poisson, en ronde bosse, cornaline de la collection du duc de Buckingham.. — 45 millim.

518 — Inscription : EVTVXI·MAKAPI. (Macarius, sois heureux).

519 — Fragment d'une autre inscription, monté avec la précédente. — 10 millim.

520 — Trois masques, celui du milieu est troué; sardoine à trois couches. — 12 millim.

521 — Ardeshir Ier, domptant un taureau, fragment, sardoine à deux couches, la plus belle et la plus importante, pierre sassanide connue. — 45 millim.

522 — Tête indienne, chalcédoine à deux couches; pierre
  sassanide. — 20 millim.

523 — Tméé, déesse de la vérité, lapis lazuli égyptien de
  grande beauté. — 40 millim.

524 — Tméé, ronde bosse, lapis lazuli. — 25 millim.

525 — Vautour égyptien accroupi, sardoine à trois couches.
  — 25 millim.

526 — Lion égyptien, cornaline. — 18 millim.

527 — Scarabée à tête d'épervier, lapis lazuli. — 22 millim.,
  deux pièces.

528 — Prêtre égyptien adorant le scarabée, intaille. —
  33 millim.

529 — Dieu égyptien, en cornaline. — 40 millim.

530 — Déesse égyptienne, à tête de lion, lapis lazuli.

Camées du moyen âge, etc.

531 — Tête d'un roi Lombard? au revers, tête casquée d'un
  guerrier; chalcédoine du VIIe siècle. — 42 millim.

532 — Tête de face d'un roi mérovingien, sardoine à deux
  couches. — 15 millim.

533 — L'Archange Michel, tenant un glaive et une croix by-
  zantine, sardoine à deux couches du XIIe siècle, avec la
  croix des monnaies des croisades et IC XC NI KA. —
  20 millim.

534 — Tête barbare du XIe siècle, grenat. — 17 millim.

535 — Tête d'un roi barbare, cornaline. — 18 millim.

536 — Saint Paul; chalcédoine saphirine, gravé sur un cylindre assyrien scié en deux, XVIe siècle. — 40 millim.

537 — Apollon et Daphnée, suivis par une procession bachique; pierre tendre, admirablement gravée par Pallajuolo,
  de la fin du XVe au XVIe siècle. Cette pierre a été publiée
  par Enea Vico, comme antique, plus tard par Maffei et

Rossi, par Montfaucon et Koehler, de Saint-Pétersbourg, beau travail. — 103 millim..

538 — La sainte famille :

℞.CYBYLLA·AYTOY COY HNOCKE ΘEOY ΘEOY YION ЄONTA. Travail du xv⁰ siècle, sardoine à trois couches.— 40 millim.

539 — Groupe de femmes, école de Michel-Ange, jaspe noire. — 20 millim.

540 — Portrait d'une princesse italienne avec la peau de lion, chalcédoine. — 17 millim.

541 — Portrait de deux princes italiens, jaspe à trois couches, noirs et jaunes; cassé, xvi⁰ siècle. — 35 millim.

542 — Buste du Christ, de face, xiv⁰ siècle; jaspe vert ou héliotrope. — 22 millim.

543 — Buste de Satyre, en ronde bosse, jaspe vert, superbe travail du xvi⁰ siècle, école de Michel-Ange.—35 millim.

544 — L'empereur Charles-Quint et Maximilien, son grand père; sardoine à deux couches, belle fabrique du xvi⁰ siècle.—16 millim.

545 — Bacchus et Ariadne, corail du xvi⁰ siècle. — 25 millim.

546 — Œdipe devant le temple de Colonos avec Antigone, Polynius et Thésée; belle composition, la pierre paraît antique, chalcédoine. — 40 millim.

547 — Tortue indienne. Jade. — 30 millim.

548 — Portait du shah Dacab, père d'Anvengreb, sardoine du xvi⁰ siècle. — 15 millim.

549 — Crabe chinois, ronde bosse, sardoine à deux couches. — 40 millim.

550 — Deux lions chinois découpés, chalcédoine.—57 millim.

551 — Tète de Chinois, ronde bosse, jaspe rouge. — 20 millim.

Pierres

douteuses ou modernes

552 — Tête barbue, ronde bosse, montée à forme de cachet sur une pierre antique avec neuf petits diamants, onyx à deux couches. — 25 millim.

553 — Buste d'Hercule vu de dos, agate. — 25 millim.

554 — Tête nue, à droite, chalcédoine fracturée. — 30 millim.

555 — Buste à tête nue, à gauche, chalcédoine. — 35 millim.

556 — Tête de nègre, à droite, chalcédoine. — 25 millim.

557 — Tête nue, à droite, chalcédoine. — 7 millim.

558 — Deux Amours, turquoise. — 25 millim.

559 — Apothéose de l'empereur Hadrien, monté sur un aigle; la Victoire lui offre une couronne, matière tendre. — 63 millim.

560 — Tête d'Hercule avec la peau du lion, pierre opaque à trois couches. — 30 millim.

561 — Tête de Claude, empereur Romain, chalcédoine découpée. — 30 millim.

562 — Deux femmes nues couronnant Priape, sardoine à deux couches. — 27 millim.

563 — Chien couché, sardoine à deux couches. — 20 millim.

564 — Sacrifice champêtre, sardoine à trois couches. —

565 — Tête de veau, onyx les yeux en grenat. — 25 millim.

566 — L'empereur Tibère offrant un aigle à la statue de Jupiter, devant le sénat personnifié; sardoine à deux couches. — 40 millim.

567 — Deux oiseaux aquatiques, sardoine à deux couches. — 15 millim.

Intailles

(Têtes et Bustes de Divinités, etc.)

568 — Buste de Jupiter, diadème; il tient un sceptre, un aigle sur la poitrine, les inscriptions *Périphantes* sur le diadème et *Hylloy* dans le champ, paraissent avoir été ajoutées au commencement de ce siècle. Superbe cornaline orientale. — 20 millim.

569 — Jupiter, tête à gauche, avec le diadème, de la collection de Léonardo Agostino, qui l'a publié sous le nom de Pergame, publié aussi par Cannini, sardoine de belle fabrique. — 17 millim.

570 — Jupiter de Dodone avec une couronne de chêne, type des médailles du roi Pyrrhus. Améthyste; fendue. — 22 millim.

571 — Jupiter, de face, couronné de lauriers, type du buste d'Otricoli; belle sardoine. — 12 millim.

572 — Jupiter Serapis, travail microscopique, onix à trois couches. — 6 millim.

573 — Jupiter Serapis, de face, très-belle fabrique, cristal de roche. — 20 millim.

574 — Jupiter Serapis, de face, couronné de lauriers, type du buste d'Otricoli, belle cornaline. — 15 millim.

575 — Jupiter Ammon, sardoine. — 14 millim.

576 — Superbe tête de Junon voilée, sceptre, semblable au type de Cérès sur les médailles de Métaponte; très-belle sardoine orientale. Elle possède tous les caractères d'authenticité et porte l'inscription ΑΛΦΗΟΥ. — 18 millim.

577 — Neptune vu de dos, sardoine à deux couches, fracturée. — 17 millim.

578 — Amphitrite tournée à gauche, sardoine. — 15 millim.

579 — Amphitrite tournée à droite. Jaspe à deux couches,
brune et verte. — 15 millim.

580 — Apollon, diadémé à gauche; la chevelure est admirable. Très-belle sardoine orientale. — 12 millim.

581 — Apollon, radié de face, entouré des signes du zodiaque,
cornaline. — 20 millim.

582 — Muse couronnée de roses, dans le champ une branche
de laurier, cornaline superbe. — 20 millim.

583 — Muse couronnée de lauriers, de face, dans le champ
l'inscription ΔΙΟCΚΟΥΡΙΔΟΥ; cette tête admirable rap-
pelle le style de la célèbre *Jo,* qui après avoir passé
par les collections Odescalchi, Poniatowski, etc., est à
présent aux offices à Florence. Cornaline orientale de la
plus grande beauté. — 17 millim.

584 — Vénus avec la stéphani, belle cornaline ; dans le
champ les lettres MAK. — 11 millim.

585 — Cupidon, de face, tenant une cigale, chalcédoine.
— 14 millim.

586 — Psyché, de face, avec des ailes de papillon, très-belle
sardoine. — 17 millim.

587 — Proserpine, une pomme de grenade dans les cheveux;
beau travail, superbe cornaline orientale. — 12 millim.

588 — Diane avec le carquois, fabrique ordinaire, superbe
jacinthe. — 22 millim.

589 — Diane avec le croissant sur la tête, dans le champ quatre
étoiles, améthyste, très-beau travail. — 14 millim.

590 — Diane avec une stéphani, un croissant sur la tête, sardoine. — 13 millim.

591 — Minerve casquée, saphir pâle, belle pièce. — 13 millim.

592 — Bacchus diadémé, de face, avec une couronne de
lierre, belle jacinthe. — 15 millim.

593 — Bacchus diadémé, couronné de lierre, améthyste
pâle. — 23 millim.

594 — Bacchus couronné de pampres avec le nebris, améthyste à peine colorée. — 20 millim.

595 — Buste de Bacchus barbu, très-belle sardoine. — 13 millim.

596 — Bacchus barbu, belle fabrique, sardoine à deux couches peu transparentes. — 14 millim.

597 — Bacchus jeune, de face, couronné de lierre; dans le champ le nom du possesseur ΕΠΙΩΕΝΕΣ, belle cornaline orientale. — 12 millim.

598 — Superbe Bacchante couronnée de lierre, avec le nebris; style greco-sicilien. Sardoine orientale, une des plus belles pierres gravées antiques, — 23 millim.

599 — Masque bachique barbu, de face, silex. — 20 millim.

600 — Masque bachique barbu, de face, belle sardoine, fabrique grecque. — 8 millim.

601 — Masque bachique barbu, de face, couronné de lierre, superbe prime d'émeraude, très-beau travail. — 10 millim.

602 — Masques de Silène et de Bacchus barbu, belle sardoine. — 13 millim.

603 — Masque de satyre, dans le champ, baton de berger, jaspe noir. — 8 millim.

604 — Mercure avec le petase et le caducée, l'inscription T. POSTVMI est antique, nom du possesseur, jaspe noir. — 13 millim.

605 — Buste de Morphée barbu, avec des ailes de papillon, sardoine. — 14 millim.

606 — Isis avec le cistre, sardoine opaque à deux couches. — 20 millim.

607 — Isis, le modius sur la tête, belle sardoine. — 16 millim.

608 — Harpocrate un doigt sur la bouche, vu de dos, sardoine orientale admirablement gravée. — 16 millim.

609 — L'Abondance, de face, cornaline. — 15 millim.

610 — Hercule barbu, avec la peau du lion, beau Nicolo; le revers présente une réunion de plusieurs têtes et animaux. — 12 millim.

611 — Hercule barbu, avec le tainia, beau nicolo. — 18 millim.

612 — Hercule jeune, de face, avec la massue, très belle cornaline orientale. — 25 millim.

613 — Hercule jeune, ressemblant à l'*Hercule* de Strozzi, œuvre de Gnaios, belle sardoine, superbe travail grec, pierre fracturée. — 20 millim.

614 — Hercule jeune, de face, la tête ceinte du bandeau du vainqueur, belle sardoine, fabrique grecque. — 20 millim.

615 — Hercule jeune, avec la peau de lion autour col, prime d'émeraude tachetée. — 18 millim.

616 — Hercule barbu, dans le champ la massue, grenat de Syrie, très-belle pièce. — 17 millim.

617 — Hercule barbu, de face, grenat de Syrie. — 10 millim.

618 — Buste, de face, de Méduse mourante, les ailes à la tête et deux serpents au cou, belle sardoine, ressemblant à une Méduse du cabinet du duc de Luynes, à la bibliothèque impériale ; c'est évidemment la reproduction d'un buste en bronze de Méduse du cabinet Carlisle ; inscription COCOCA, et d'une autre du musée Blacas, *British museum*, cette dernière est de profil. — 12 millim.

619 — Masque de Méduse, de face, cristal de roche. — 17 millim.

620 — Masque de Méduse, ailée de face, avec les serpents, belle sardoine. — 18 millim.

621 — Méduse tournée à gauche, un serpent à la poitrine, plusieurs serpents dans les cheveux, belle sardoine. — 8 millim.

622 — Jo avec les cornes de vache, superbe améthyste rose, bon travail, sujet intéressant. — 20 millim.

623 — Ulysse avec le bonnet de marin, prime d'émeraude. — 14 milllm.

624 — Ulysse avec le bonnet de marin ceint de laurier, belle jacinthe. — 10 millim.

625 — Ulysse avec le bonnet, cornaline, fabrique grecque. — 13 millim.

626 — Ulysse avec le bonnet, très-beau grenat de Syrie. — 12 millim.

627 — Pâris sans le bonnet phrygien, avec le bâton de berger dans le champ II S ω, sardoine. — 14 millim.

628 — Héros casqué de face, très-belle cornaline. — 20 millim.

629 — Héros casqué, beau travail, belle sardoine, l'inscription ΛΛΛΙωN a du être ajoutée au commencement de ce siècle. — 17 millim.

630 — Héros barbu casqué, émeraude, fragmentée. — 15 millim.

631 — Tête de Méléagre et d'un sanglier, fabrique grecque, belle sardoine. — 15 millim.

632 — Syloins fils d'Énée, la flamme sur les cheveux, (voir la fin du IIe chant de l'*Enéide*,) très-belle sardoine à deux couches, superbe travail grec du temps d'Auguste. — 20 millim.

633 — La Sicile, type des médaillons de Syracuse, travail remarquable, belle sardoine. — 15 millim.

634 — Belle tête de femme, style greco-sicilien, sardoine opaque cassée en trois morceaux. — 20 millim.

635 — L'Afrique et Jupiter Ammon, jaspe noir, monture antique. — 13 millim.

636 — Hesiode les cheveux ceints d'un bandeau, belle sardoine. — 17 millim.

637 — Socrate, prime d'émeraude de la plus belle qualité, très-beau travail. — 12 millim.

638 — Socrate, sardoine. — 10 millim.

639 — Aristote, cornaline pâle. — 8 millim.

640 — Aristote, dans le champ les lettres ΛΛ. C., améthyste, — 18 millim.

641 — Alexandre le Grand, casqué, grande chalcédoine, fracturée. — 30 millim.

642 — Tête d'un roi de Macédoine, à la corne de bélier, beau travail, belle cornaline orientale. — 17 millim.

643 — Portrait de Démétrius Poliorcète, avec la corne de taureau, comme fils de Neptune, belle sardoine mamelonnée, travail grec de la première beauté; les légendes ΣΕΛΕ et ΣΑΡΠOV paraissent du commencement de ce siècle. — 20 millim.

644 — Démétrius II, roi de Syrie, beau portrait en améthyste, l'inscription NEAPKOV est moderne. — 20 millim.

645 — Philippe V dernier roi de Macédoine, gravure d'une grande délicatesse, belle sardoine orientale. — 15 millim.

646 — Arsace Mithridate roi parthe, belle chalcédoine d'un travail remarquable, — 13 millim.

647 — Juba Ier roi de Mauritanie, améthyste rose, rare et très-belle pièce. — 15 millim.

648 — Jules César couronné de lauriers, dans le champ une étoile et l'inscription D. IVLI., travail ordinaire, sardoine. — 15 millim.

649 — Cicéron, sardoine, pierre fendue. — 20 millim.

650 — Auguste jeune, couronné de lauriers, très-belle chalcédoine saphirine. — 15 millim.

651 — Mécène de face, sardoine pâle. — 15 millim.

652 — Antonia, améthiste. — 15 millim.

653 — Tibère, onix. — 20 millim.

654 — Tibère vieux avec le millésime IΘ (an 19), argent. — 20 millim.

655 — Agrippine mère; Nicolo. — 12 millim.

656 — Claude couronné de lauriers, une raie rouge de la pierre, forme le ruban; belle sardoine orientale. — 15 millim.

657 — Agrippine la jeune, belle sardoine orientale. — 15 millim.

658 — Claude et Agrippine, fabrique ordinaire, sardoine pâle. — 17 millim.

659 — Néron couronné de lauriers, sardoine pâle. — 25 millim.

660 — Vitellius, (?) tête laurée à gauche, grenat de Syrie. —
12 millim.

661 — Vespasien, sardoine. — 15 millim.

662 — Vespasien couronné de lauriers, sardoine. — 6 millim.

663 — L'empereur Titus? Saphir. — 18 millim.

664 — Julie fille de Titus; Nicolo. — 12 millim.

665 — Domitien, prime d'émeraude. — 12 millim.

666 — Domitien, cornaline orientale, très-beau travail. —
13 millim.

667 — Nerva, cornaline orientale, fendue, de la plus grande
beauté. — 17 millim.

668 — Matidie, prime d'émeraude, rare et belle pièce. —
17 millim.

669 — Portrait superbe d'Antinoüs de face, sous les traits
d'un roi d'Égypte, costume égyptien, très-belle sardoine
orientale, une des merveilles de l'art de la gravure.
— 16 millim.

670 — Sabine, (?) prime d'émeraude brisée, belle fabrique. —
15 millim.

671 — Sabine, (?) sardoine. — 20 millim.

672 — Faustine mère, en cérès, type des médailles en or,
très-beau travail, cornaline. — 16 millim.

673 — Aelius Vérus, belle aigue-marine. — 12 millim.

674 — Marc-Aurèle jeune, saphir presque incolore. — 16 millim.

675 — Commode en Thésée, avec la peau de taureau; très-
belle sardoine orientale. — 17 millim.

676 — Geta, (?) sardoine, portrait rare. — 17 millim.

677 — Caracalla, type du buste de Naples, améthyste. —
17 millim.

678 — Portrait de jeune homme inconnu, Nicolo. — 12 millim.

679 — Portrait de Romain barbu du temps de Marc-Aurèle,
belle sardoine. — 18 millim.

680 — Portrait imberbe de Liveneius Régulus? belle cornaline. — 17 millim.

681 — Portrait imberbe et chauve d'un Romain, cornaline
orientale. — 12 millim.

682 — Portrait de jeune Romain, sardoine. — 14 millim.

683 — Portrait de Romain barbu, sardoine. — 12 millim.

684 — Portrait Romain, dans le champ un papillon. —
15 millim.

685 — Portrait romain, dans le champ une massue et deux
aigles, jaspe noir. — 12 millim.

686 — Portrait de femme, Faustine jeune (?) les cheveux ne
sont qu'ébauchés. — 13 millim.

687 — Portrait de femme, Crispine; sardoine, belle fabrique.
— 15 millim.

688 — Portrait de femme avec une stephani, belle sardoine.
— 15 millim.

689 — Portrait de femme avec l'inscription: LOLLIA FELIX,
(Lollia sois heureuse), sardoine , travail d'une basse
époque. — 13 millim.

691 — Buste d'un roi Sassanide, très-belle sardoine. — 15 millim.

692 — Bague en chalcédoine, alliance, les portraits des
mariés avec l'inscription CLQ. et RQCVX, trouvée à
Nîmes. — 30 millim.

603 — Jupiter debout lançant la foudre, pièce de la plus
grande beauté, cornaline orientale , une des belles
pierres gravées connues. — 16 millim.

694 — Jupiter Olympien assis sur un trône, avec le sceptre,
tenant de la main gauche une Victoire qui le couronne,
devant lui l'aigle. Belle sardoine orientale. — 16 millim.

695 — Jupiter avec la foudre, assis sur l'aigle, qui tient dans
ses serres une couronne et une branche de palmier.
(Apothéose d'un empereur romain.) Sardoine orientale.
— 13 millim.

696 — Sacrifice d'un taureau devant la statue de Jupiter as-

sis, par un prêtre et une prêtresse. Très-belle sardoine orientale, pierre importante. — 22 millim.

697 — Ganimède offre la coupe à l'aigle. Grand et beau grenat de Syrie. — 20 millim.

698 — Géant aux pieds de serpent, lançant une pierre. Grenat de Syrie ; pierre fendue. — 19 millim.

699 — Neptune marchant appuyé sur le trident, style hiératique. Sardoine orientale mamelonnée, pierre importante. — 27 millim.

700 — Neptune sur un dauphin. Nicolo. — 16 millim.

701 — Thétys, femme de Pontus, assise sur un crabe. Sardoine. — 10 millim.

702 — Minerve assise tenant la Victoire. Sardoine opaque avec inscription, monture de la Renaissance. — 12 milmètres.

703 — Minerve promachos ; pierre microscopique. Sardoine à trois couches. — 7 millim.

704 — Apollon debout devant le trépied et un laurier sur lequel est perché un corbeau ; jaspe rouge. Très-beau travail. — 16 millim.

705 — Apollon assis devant le trépied et un laurier. Nicolo. 10 millim.

706 — Apollon avec un arc et des flèches, traînant une chèvre ; style hiératique ; c'est le Jupiter Axur, comme il est décrit par Aulus Gellius. Belle sardoine orientale. — — 18 millim.

707 — Therpsichore dansant et jouant de la flûte. Jacinthe. 15 millim.

708 — Vénus Victrix, avec le sceptre, tenant un casque ; à ses pieds le bouclier ; type des médailles de Jules César. Sardoine. — 23 millim.

709 — Vénus Victrix ; type analogue devant un Amour. — 17 millim.

710 — Vénus Victrix, tenant le parazonium ; l'Amour lui présente un casque. — 16 millim.

711 — Vénus Éricine, tenant une branche et une colombe ;
une autre colombe est devant elle, derrière la statue de
l'Amour. Sardoine brûlée. — 21 millim.

712 — Vénus et Mars. Très-belle cornaline orientale. Beau
travail. — 21 millim.

713 — Vénus se coiffant (la Vénus d'Apelle). Prime d'é-
meraude. — 9 millim.

714 — Une autre semblable. Sardoine. — 13 millim.

715 — L'Amour panthé, avec le caducée de Mercure, la lyre
et le trépied d'Apollon, l'aigle de Jupiter, une grenade
sur la tête; dans le champ, étoile et croissant. Beau grenat de Syrie; travail remarquable. — 14 millim.

716 — L'Amour comme dieu de la mort, avec le flambeau
renversé, dépose le masque. (La comédie est finie.) Belle
composition. Sardoine orientale. — 11 millim.

717 — L'Amour devant une colonne funèbre, les mains liées
derrière le dos; dans le champ un papillon. Cornaline.
Les lettres A P I N sont antiques. — 13 millim.

718 — L'Amour appuyé sur une colonne funèbre. Jacinthe.
— 15 millim.

719 — L'Amour et Psyché sur une colonne. Sardoine orientale. — 14 millim.

720 — L'Amour jouant de la double flûte. Sardoine. — 13
millim.

721 — L'Amour à cheval ; belle composition. Sardoine orientale. — 16 millim.

722 — L'Amour avec une lanterne. Sardoine à trois couches
opaques. — 11 millim.

723 — L'Amour avec une corde. Nicolo. — 9 millim.

724 — Éros et Antiros jouant avec un chien. Grenat, monture antique. — 8 millim.

725 — Éros et Antiros jouant avec un ours. Sardoine. —
15 millim.

726 — Mercure marchant avec la bourse et le caducée. Sardoine. — 15 millim.

727 — Mercure tenant dans ses bras Bacchus enfant. Belle
fabrique ; sardoine orientale. — 12 millim.

728 — Bacchus enfant, avec une grappe de raisin et le canthare. — 13 millim.

729 — Trois Satyres et une Bacchante, soutenant une statue
de Bacchus barbu. Très-grand et beau grenat de Syrie,
fendu ; pierre importante. — 24 millim.

730 — Le même sujet en petit. Très-belle fabrique ; belle cornaline orientale. — 14 millim.

731 — Silène ivre, monté sur un âne. Beau travail grec ; sardoine orientale. — 15 millim.

732 — Silène jouant de la double flûte. Belle fabrique ; cornaline. — 20 millim.

733 — Silène jouant de la lyre, assis sur un petit char poussé
par Cupidon. Sardoine. — 17 millim.

734 — Satyre dansant et jouant de la double flûte. Sardoine
orientale. — 14 millim.

735 — Satyre jouant de la double flûte. Sardoine. — 18
millim.

736 — Satyre assis devant un vase, tenant une double flûte.
Beau grenat de Syrie. — 13 millim.

737 — Satyre agenouillé liant une couronne de lierre. Nicolo. — 12 millim.

738 — Terme de Priape, entouré par cinq femmes dont une
le couronne. Jacinthe fracturée. — 20 millim.

739 — Satyre accroupi, devant lui la double flûte. Sardoine.
— 12 millim.

740 — Satyre jouant avec un chien ; devant une colonne sous
un arbre. Prime d'émeraude. — 11 millim.

741 — Terme de Priape. Sardoine. — 18 millim.

742 — La Victoire sans ailes, versant à boire à Priape. Belle
cornaline.

743 — Prêtresse de Bacchus avec le thyrse, le canthare. Sardoine rubannée. — 18 millim.

744 — Enfant bachique conduisant une chèvre, sur laquelle
est un autre enfant. Sardoine. — 15 millim.

745 — Satyre monté sur un lion ; devant lui l'Amour jouant
de la lyre. Belle améthyste. — 15 millim.

746 — Bacchante en extase devant la statue de Priape. Sardoine. — 18 millim.

747 — Vase avec une tête bachique. Sardoine. — 15 millim.

748 — Esculape imberbe. Belle cornaline. Sujet rare. —
12 millim.

749 — La Victoire portant un trophée, grenat de Syrie.
— 10 millim.

750 — Némésis, l'inscription ATIMATOY est le nom du possesseur, probablement un affranchi. Yacinthe. — 11 mill.

751 — Cybèle assise sur un lion, devant Jupiter ; dans le
champ, sept étoiles. Lapis lazuli. Sur le revers une inscription gnostique. — 20 millim.

752 — Les trois grands Dieux de la Syrie, assis sur des trônes
formés de lions. sardoine ; sujet intéressant. — 30 millim.

753 — Osiris entre Isis et Nephtis. Sardoine. — 16 millim.

754 — Hercule dompté par Hédoné ; très-belle composition.
Travail remarquable ; belle cornaline ; l'inscription AVAOV
paraît moderne ; cette pierre a été publiée par le professeur Overbeck. — 22 millim.

755 — Hercule dompté par l'Amour. Beau grenat de Syrie.
— 20 millim.

756 — Hercule musagète dansant et jouant de la lyre ; admirable travail grec. Prime d'émeraude, une des plus
belles pierres de la collection. — 16 millim.

757 — Hercule étouffant Antée ; beau travail. Sardoine à trois
couches opaques ; très-belle pierre, percée du temps des
Romains comme les pierres venant des Indes, suivant
Pline. — 27 millim.

758 — Omphale couchée, appuyée sur une massue. Sardoine
à deux couches, fendue. — 20 millim.

759 — Omphale marchant avec la massue sur l'épaule. **Rubis.** —10 millim.

760 — Thésée levant la grande pierre et trouvant l'épée et la chaussure de son père. Superbe sardoine orientale. d'un beau travail.— 18 millim.

761 — Thésée tuant un centaure d'un coup de massue ; belle composition, chef-d'œuvre de gravure. Belle sardoine orientale. — 18 millim.

762 — Persée devant une colonne, tenant la tête de Méduse. Sardoine rubannée. — 20 millim.

763 — Sphinx tuant un Thébain. Nicolo. — 13 millim.

764 — Œdipe tuant le Sphinx ; à bord étrusque. Sardoine. — 15 millim.

765 — Niobé, comme la statue de Florence. Très-beau grenat oriental. — 20 millim.

766 — Léandre nageant ; beau travail. Belle sardoine orientale. —15 millim.

767 — Méléagre assis, jouant avec son chien ; style archaïque, à bords étrusques. Sardoine. — 12 millim.

768 — Chasseur avec son chien devant une cage ? posée sur une tête de bélier. Belle cornaline. — 12 millim.

769 — Le Jugement de Paris, composition de six figures presque microscopiques. Prime d'émeraude.—14 millim.

770 — Paris, à mi-corps, avec le bonnet phrygien et le bâton de berger. Très-belle sardoine mamelonnée. — 13 mill.

771 — Achille, beau travail étrusque ; à bords étrusques. Sardoine. —12 millim.

772 — Achille. Belle sardoine. — 16 millim.

773 — Ajax repoussé par Hector, recule lentement ; belle composition, sardoine. — 17 millim.

774 — Memnon à genoux, aux traits de nègre (*et nigri Memnonis arma*), Virgile, sardoine. — 12 millim.

775 — Achille mourant, Ajax et Ulysse le défendent ; cornaline.— 11 millim.

776 — Ajax emporte le corps d'Achille sur ses épaules ; style archaïque, belle sardoine. — 11 millim.

777 — Diomède devant le Palladium ; superbe travail, belle cornaline. — 16 millim.

778 — Ménélas devant la statue d'Apollon. Sardoine d'un beau travail, 12 millim.

779 — Ajax réveillé de sa folie, s'appuie sur son épée ; devant lui une tête de bélier, auprès de lui une chèvre ; composition intéressante, grenat de Syrie. — 17 millim.

780 — Suicide d'Ajax, bords étrusques. Belle composition. Sardoine. — 11 millim.

781 — Ajax Oileus atteint par la foudre. Cornaline. — 10 m.

782 — Ulysse à genoux. Fragment d'une grande pierre, sardoine. — 12 millim.

783 — Ulysse construisant un vaisseau. Belle pierre à bords étrusques. Sardoine. — 12 millim.

784 — Même sujet, mais plus beau. Travail grec ; sardoine orientale. — 11 millim.

785 — Oreste et Pylade, devant le temple de Diane Taurique, gardé par un soldat. Cornaline. — 14 millim.

786 — Thélésilla d'Argos, tenant un casque. Belle sardoine mamelonnée. — 12 millim.

787 — Tagis écrit sur ses tablettes les paroles prophétiques de la tête qu'il a trouvée. Beau travail étrusque ; chalcédoine. — 11 millim.

788 — Othryades mourant, l'inscription ΑΛΦΘΗΟV est antique. Belle jacinthe, pierre importante. — 15 millim.

789 — Enfant vainqueur au jeu du trochos, avec une branche de palmier. Beau travail. Nicolo. — 11 millim.

790 — Jeune homme, jouant au jeu de la mora (*Micans digitis*). Jaspe noir. — 15 millim.

791 — Portefaix priapique. Sardoine tachetée, presque opaque ; pièce très-curieuse. — 12 millim.

792 — Comédien. Nicolo. — 11 millim.

793 — Phallus Papillon, limaçon avec l'inscription antique

TPYΩN. Grenat de Syrie de la plus grande beauté, mais fendue. — 21 millim.

Animaux

794 — Lion et lionne couchés. Cornaline. — 11 millim.

795 — Lion terrassant un cerf, type des médailles de Velia. Sardoine. — 14 millim.

796 — Le même sujet. Améthyste. — 11 millim.

797 — Lion, avec la tête d'un taureau. Belle sardoine. — 11 millim.

798 — Panthère. Belle pièce; sardoine orientale.—11 millim.

799 — Taureau. Belle sardoine. — 14 millim.

800 — Taureau. Belle cornaline. — 12 millim.

801 — Taureau. Pierre opaque. — 20 millim.

802 — Tête de taureau. Belle cornaline. — 11 millim.

803 — Pégase. Belle cornaline, travail grec. — 15 millim.

804 — Tête de cheval, type des médailles de Panorme. — 14 millim.

805 — La Louve avec les Jumeaux. Cornaline.—11 millim.

806 — Aigle avec un foudre. Cornaline. — 14 millim.

807 — Tête d'aigle; dans le champ une étoile. Agate. — 32 millim.

808 — Le Capricorne, les Poissons, l'Écrevisse, signes du zodiaque; horoscope d'Auguste. Très-belle sardoine, pierre importante. — 23 millim.

809 — Une gazelle, pierre opaque. — 22 millim.

810 — Une truie. Prime d'émeraude. — 10 millim.

811 — Une truie. Sardoine à deux couches. — 13 millim.

812 — Bélier. Pierre microscopique; sardoine à trois couches. — 9 millim.

813 — Sanglier. Sardoine. — 10 millim.

814 — Capricorne. Cornaline. — 12 millim.

815 — Figure fantastique, formée de plusieurs têtes, et animaux. Belle sardoine. — 16 millim.

816 — Tête de sanglier et deux têtes d'hommes. Nicolo. — 14 millim.

817 — Une autre avec tête d'éléphant. Sardoine. — 11 millim.

818 — Une souris, sur un char traîné par deux coqs. Sardoine. — 16 millim.

819 — Aigle sur un autel. Sardoine. — 15 millim.

820 — Tête de taureau sur un autel; l'inscription CELER est antique. — 15 millim.

821 — Le mauvais œil, entouré de différentes figures. — 12 millim.

822 — Le même sujet, sur une petite plaque d'or. — 15 millim.

823 — Vase à deux anses, avec un bige sur la panse. Sardoine. — 15 millim.

824 — Vase, avec trois Bacchantes. Fragment; sardoine. — 25 millim.

825 — L'inscription CEPHNE ZHAAIS. *Vive Serenus.* Sardoine à deux couches. — 15 millim.

826 — Lot de six pierres ordinaires, sujets variés.

Scarabées

827 — Palamède invente le jeu de dames? beau style étrusque. Cornaline; le scarabée est d'une grande délicatesse de travail. — 15 millim.

828 — Achille soutient Penthasilée mourante; scarabée grec, d'un style sévère, le plus beau connu. Sardoine rubannée. — 17 millim.

829 — Ulysse enlevant les chevaux de Rhésus; scarabée ar-

chaïque, à pointes; sur le revers un masque bachique en relief, forme très-rare, Cornaline. — 15 millim.

830 — Paris dans sa fuite décochant une flèche. Très-belle fabrique, pierre verte de Sardaigne, trouvée à Therros. — 13 millim.

831 — Amphiarus dans un quadrige, scarabée archaïque de grande beauté. Cornaline brûlée. — 12 millim.

832 — Tydée mourant. Belle fabrique; cornaline, monture antique. — 16 millim.

833 — Capanée foudroyée. Agate rubannée. Travail remarquable. — 20 millim.

834 — Suicide de Monoecus. Jaspe noir. — 19 millim.

835 — Héros à genoux et combattant. Belle composition. — 13 millim.

836 — Héros monté sur un oiseau, style rude à pointes. Cornaline brûlée. — 12 millim.

837 — Hercule appuyé sur sa massue; style rude à pointes. Cornaline. — 12 millim.

838 — Héros à genoux. Cornaline. — 13 millim.

839 — Acrobate étrusque. Jaspe noir. — 12 millim.

840 — Prêtre devant un autel; style assyrien. Pierre verte de Sardaigne, belle monture antique. — 15 millim.

841 — Isis allaitant Horus; style égyptien. Pierre verte de Sardaigne, belle monture antique. — 19 millim.

842 — Pacht; style égyptien. Pierre verte de Sardaigne, cassée. — 17 millim.

843 — Héros assis sur un bouclier. Pierre verte de Sardaigne. — 13 millim.

844 — Satyre archaïque, avec la queue et les pieds d'un cheval; style des vases grecs. Pierre verte de Sardaigne. — 13 millim.

845 — Satyre emportant un chevreuil, suivi de son chien; belle gravure. Cornaline brulée, monture antique. Trouvé avec les cinq précédentes à Therros. — 19 millim.

846 — Satyre portant des gazelles. Jaspe vert. Trouvé en Syrie. — 18 millim.

847 — Cercopithèque et vase. Jaspe vert. Trouvé en Syrie.— 13 millim.

848 — Hiéroglyphes égyptiens. Jaspe vert. Trouvé en Syrie. — 18 millim.

849 — Figure d'homme et oiseau; style égyptien. Jaspe jaune. Trouvé en Syrie. — 20 millim.

850 — Une chimère. Cornaline. — 19 millim.

851 — Un héros. Sardoine. — 20 millim.

852 — Chien courant. Cornaline. — 14 millim.

853 — Génie à quatre ailes; beau fragment. Chalcédoine. —. 12 millim.

854 — Jason liant sa chaussure. Agate. — 14 millim.

855 — Satyre à queue de cheval. Travail rude; cristal de roche. — 16 millim.

856 — Deux crapauds. Cornaline, beau travail.— 15 millim.

857 — Un héros. Grenat de Syrie. — 6 millim.

858 — Œil égyptien, avec le cartouche du roi Aménophis III. Cornaline. — 12 millim.

859 — Deux taureaux combattant, intaille assyrienne. Pierre de touche. — 20 millim.

860 — Cylindre assyrien, un roi combattant un griffon. Chalcédoine saphirine. — 26 millim.

861 — Cylindre assyrien, le roi combattant deux sphinx. Chalcédoine. — 30 millim.

862 — Dix cylindres babyloniens, de diverses grandeurs.

863 — Le roi combattant deux griffons, très-beau sceau royal persan. Très-belle chalcédoine. — 30 millim.

864 — Cinq sceaux coniques persans de l'époque des Achaménides.

865 — Dix-neuf sceaux hémisphériques des Sassanides.

866 — Victoire terrassant un taureau. Grande chalcédoine, trouvée à Persepolis. — 40 millim.

867 — Sphinx, saphirine, et quatre objets égyptiens.

MONUMENTS
DU MOYEN AGE ET DE LA RENAISSANCE

Nielles et Orfévrerie

868 — Plaque ronde. L'empereur Charlemagne reçoit les ambassadeurs de l'empereur Constantin. Nielle sur argent du temps de saint Louis.

869 — Paix en forme de monument à plein cintre, en cuivre doré, enrichi de quatorze plaques niellées sur argent. Le tableau central représente l'Adoration des rois Mages. Les montants offrent des candélabres ornés de bustes. Travail du commencement du xv° siècle.

870 — Portrait de profil de *Nicolo Machiavelli*. Nielle sur argent. Cité par le professeur Wagner, dans son rapport sur l'Exposition de Manchester, comme un des plus intéressants nielles exposés.

871 — L'Adoration des Mages. Beau nielle sur argent, de forme circulaire, du xvi° siècle et de travail italien.

872 — Une des sept œuvres de miséricorde. Nielle circulaire de Georges Pencz. xvi° siècle.

873 — Flacon de forme octogone en argent niellé. xv° siècle.

874 — Divers sujets en argent gravé et découpé; l'un d'eux porte la date de 1608.

875 — Suite intéressante de treize bas-reliefs en or repoussé, ciselé et appliqués sur verre, par VALERIO BELLI dit le

Vincentino. Ils représentent l'entrée du Christ à Jérusalem ; le Christ ressuscitant Lazare à Bethléem ; le baiser de Judas, etc. ; des sybilles et des prophètes. Ce lot pourra être divisé.

876 — Le Christ remettant les clefs à saint Pierre. Bas-relief de même travail que ceux qui précèdent, appliqué sur schiste.

877 — Saint George terrassant le dragon. Petit groupe en argent très-finement ciselé.

878 — Deux plaques en argent repoussé, ciselé et découpé à jour, représentant des figures de femmes et des rinceaux, et provenant d'une couverture de livre. xvi⁰ siècle.

879 — Ceinture hongroise en argent doré, à ornements découpés à jour, et enrichie de pierreries.

880 — Écritoire arabe en forme de boîte oblongue, en cuivre finement gravé, et enrichie d'incrustations d'or et d'argent, à figures de cavaliers, bustes et ornements. Travail remarquablable et d'une belle conservation.

881 — Couteau et fourchette à manches en argent ciselé et gaîne en cuir garnie en argent ciselé, à fleurs et ornements. Travail vénitien du xvi⁰ siècle.

882 — Plaque de verre vert incrustée d'or finement gravé, à figures et ornements. Travail indien très-fin.

Objets variés

883 — Groupe en cuivre rouge repoussé : la Sainte Vierge assise et l'Enfant Jésus. Ouvrage italien du xiii⁰ siècle, avant l'influence des Pisans.

884 — Plaque en cuivre champlevé, à réserves dorées sur fond d'émail bleu : l'Annonciation. Ouvrage italien du xiv⁰ siècle.

885 — Christ en croix, en cuivre rouge, conservant des traces de dorure, et draperie émaillée bleu. xii° siècle.

886 — Cinq bas-reliefs en ivoire sculpté et découpé, de l'école allemande du xiv° siècle : la Résurrection de Lazare ; saint Jean ; la Madeleine essuyant les pieds du Christ avec ses cheveux, etc.

887 — Petite croix du Liban en bois sculpté, représentant, sur chacune de ses faces, divers sujets tirés de la vie du Christ.

888 — Groupe en ambre : saint personnage debout, portant l'Enfant-Dieu dans ses bras.

Bronzes

889 — Deux grands et beaux chenets italiens, en bronze, ornés des figures de Mars et de Vénus debout, reposant sur des socles composés de dauphins, figurines et mascarons; xiv° siècle,

890 — Figure en bronze. — Méléagre, debout; xvi° siècle.

891 — Figurine en bronze. — Faune, debout.

892 — Statuette en bronze. — Personnage debout, armé d'un poignard et d'un bouclier.

893 — Figurine en bronze. — Hercule nu, debout, tenant sa massue.

894 — Figurine. — Bacchus jeune, s'appuyant sur un tronc d'arbre; bronze italien, d'après l'antique.

895 — Figurine. — Génie assis, tenant une corne d'abondance.

896 — Groupe de deux figures. — Enlèvement d'une Sabine.

897 — Beau buste en bronze. — Tête de Cicéron, ouvrage italien du xvi° siècle.

898 — Lampe en bronze, formée d'une figure d'homme accroupi ; xvi° siècle.

899 — Statuette.—Bacchus nu, armé de la massue d'Hercule. Bronze florentin du xvi° siècle.

900 — Statuette. — Vénus au Dauphin, bronze italien du xvi° siècle.

900 *bis* — Vénus et l'Amour. — Haut., 420 mill.

901 — Grande figure automate en bronze. — Personnage debout, couronné de lauriers (Antonin ?); la tête, les bras et une des jambes sont mobiles ; ouvrage italien du xvi° siècle.

Pièce très-curieuse qui nous semble provenir d'une horloge monumentale.

902 — Bas-relief en bronze. — La Flagellation , ouvrage attribué au Verrochio (maître de Léonard).

903 — Figurine en bronze. — Atlas debout, xvi° siècle. Cette pièce est montée sur un socle triangulaire et forme écritoire.

904 — Figure de chevalier , debout. — Bronze allemand du xv° siècle.

905 — Joli bas-relief en bronze. — Jeux d'enfants ; xvii° siècle.

906 — Deux bas-reliefs en bronze, d'après Valerio Belli. — La Résurrection de Lazare, etc.

907 — Crabe en bronze, formant boîte, ouvrage italien du xvi° siècle.

908 — Sonnette flamande, décorée de figures et d'animaux, en relief. Date de 1551.

908 *bis*. Plusieurs statuettes de la Renaissance, etc., de diverses grandeurs.

MONUMENTS ORIENTAUX

Matières précieuses

909 — Cristal de roche. — Statuette. — Personnage debout. — Travail chinois.

910 — Malachite. — Statuette sculptée dans la masse. Travail chinois.

911 — Deux pièces. — Divinité en jade vert et Flacon en agate.

912 — Six pièces diverses en agate, pierre de lard, etc.

913 — Serpentine noire. — Deux groupes : deux lions combattant et éléphant monté par son cornac. Travail indien.

Bronzes

914 — Figure de femme accroupie. — Divinité chinoise en bronze muni d'une belle patine.

915 — Divinité chinoise debout. — Bronze enrichi d'incrustations d'argent.

916 — Deux figurines, très-curieuses, en bronze peint. — Guerriers javanais.

917 — Figurine d'enfant accroupi, en cuivre finement ciselé et doré. Travail chinois.

918 — Brûle-parfums, en forme d'animal, en bronze incrusté
d'argent.

919 — Deux brûle-parfums, en forme de fruits dont les bran-
chages leur tiennent lieu de pieds. Bronzes chinois.

920 à 929 — Quantité de Divinités indiennes et chinoises en
bronze qui seront vendues par lots.

Objets variés

930 — Trois Divinités indiennes, plaquées en argent et mon-
tées sur un socle garni de même.

931 — Deux très-petites figurines et une plaque ronde en argent. Travail chinois.

932 — Pipe japonaise dans son étui, accompagnée de ses
chaîne, bouton et blague.

933 — Deux figurines en bois de bambou finement sculpté.

934 — Deux autres figurines en bois de fer sculpté.

935 — Frise en bois sculpté à figures et fruits laqués en couleurs et dorés.

936 — Deux Divinités en bois sculpté, doré et peint. Travail
chinois.